O PODER DA MENTE

Como usar o poder da sua mente a seu favor

de
Benjamim Rodrigues

O PODER DA MENTE

Como usar o poder da sua mente a seu favor

FICHA TÉCNICA

-TÍTULO:
"O PODER DA MENTE – Como usar o poder da sua mente a seu favor"

-AUTOR:
Benjamim Rodrigues

-EDITORA:
Amazon.com

-LINK DE COMPRA do E-BOOK na AMAZON:
http://www.amazon.com/dp/ASIN/B00H9NH5MC

-LINK DE COMPRA do LIVRO na AMAZON:
http://www.amazon.com/dp/9892045122

-FACEBOOK:
http://www.facebook.com/opoderdamenteolivro

-CRÓNICAS YOUTUBE:
https://www.youtube.com/playlist?list=PL0571DCA2D7EC9F4E

-CÓDIGO ASIN da AMAZON:
B00H9NH5MC

-ISBN do E-BOOK da AMAZON:
978-989-20-4434-7

-ISBN do LIVRO da AMAZON:
978-989-20-4512-2

NOTA:
Este livro foi escrito com base no novo acordo ortográfico Portugal / Brasil.

APRESENTAÇÃO

***

O PODER DA MENTE

Como usar o poder da sua mente a seu favor

***

As crónicas sobre hipnose clínica e muito mais... na Rádio Alive FM
(ex-Rádio Sátão)
em 89,90MHZ e on-line em www.alivefm.pt,
às sextas-feiras às 8:15, 12:15 e 20,00 horas.

"Cada vez mais procuramos técnicas alternativas em busca de solução para os nossos problemas. Saber quem somos e quem fomos no passado é ainda uma incógnita. Experimenta uma viagem no teu interior porque o mistério da regressão pode ser um mundo fascinante. O Poder da Mente, com o hipnoterapeuta Benjamim Rodrigues na tua Alive FM"

____ - o spot de apresentação da crónica "O Poder da mente" na Rádio Alive FM

9

ÍNDICE

Conteúdo

AGRADECIMENTOS

O meu primeiro agradecimento, como não podia deixar de ser, vai para a Fonte-de-tudo, vai para Aquele que me inspirou a levar a efeito este projeto, vai para Deus e para todos os Seres de Luz que me iluminaram para levar a efeito esta tarefa, só espero ter correspondido!

Em segundo lugar o meu agradecimento vai para a Rádio Alive FM (no inicio das crónicas em 20 de Maio de 2011, com o nome de Rádio Sátão), na pessoa do seu diretor António Mendes, sempre disponível desde a primeira hora, para que eu pudesse fazer com total liberdade estas crónicas.
Sem esta disponibilidade, manifestada desde a primeira hora não seria possível levar a efeito esta tarefa.
Agradeço-te ainda aqueles momentos de final de gravação das crónicas, pois foi mais uma oportunidade para trocar impressões sobre estes assuntos da mente e outros, de forma calma e descontraída.

Agradeço à Sandrine Alves toda a amizade e apoio demonstrados, que me deram ainda mais força e motivação.
Agradeço-te ainda toda paciência que tiveste em me relembrar a fazer rádio e ainda algumas conversas que acabaram por me inspirar para abordar outros assuntos nestas crónicas!

Agradeço ainda a toda a restante equipa da Rádio Alive FM, toda a disponibilidade e apoio sempre manifestados, para que eu pudesse gravar estas crónicas com toda tranquilidade e com a melhor qualidade.

Ao Paulo Marques, o amigo de longa data, sempre pronto a dar aquela motivação extra e sempre disponível, sempre a mostrar outros caminhos e sempre com sugestões que me ajudam sempre, até porque lhe reconheço em termos intelectuais e de cultura geral um nível superior a mim mesmo, o que me permite aprender e evoluir ainda mais, pois só com quem sabe mais ou diferente de nós mesmos é que podemos aprender mais.
Agradeço-te ainda a pronta disponibilidade que manifestaste para escreveres o prefácio deste livro, que para mim é uma honra.
Todos os elogios (embora um pouco exagerados), porque sei que são sinceros, aceito-os, pois como diz Louise Hay: "congratulações são

presentes de prosperidade, aprenda a aceitá-las com graciosidade, mas ainda mais importante do que aceitar as congratulações que nos são dirigidas é retribuí-las a quem no-las faz".

Todos os incentivos vindos da Maria Filomena foram sempre bem vindos e fizeram-me ver e "sentir" cada vez mais a "Luz".

Agradeço ainda a todos os professores do LCCH todos os ensinamentos que me transmitiram, pois foram estes os "alicerces", que me serviram de base a toda esta aprendizagem e compreensão.

Agradeço ainda todos os comentários (quase na sua generalidade positivos), que me chegaram, nomeadamente através da internet: (neste link pode ouvir todas as crónicas publicadas no youtube: https://www.youtube.com/playlist?list=PL0571DCA2D7EC9F4E, e pode ainda ativar a legenda com tradução automática para qualquer língua).

E por fim, agradeço àqueles que não conhecendo ou não acreditando nesta terapia, foram eles a razão de ser de ter levado a efeito esta tarefa, pois sem eles, não havia razão de ser destas crónicas.
Espero que pelo menos algumas destas pessoas tenham conhecido um pouco melhor o que é a hipnose clínica e que passem a considerar a possibilidade de recorrer a esta terapia, quanto mais não seja como mais uma opção de tratamento a considerar no futuro para o seu bem-estar.

_____ O autor: Benjamim Rodrigues

PREFÁCIO

Almejar a descoberta das novas Índias não está ao alcance de todos. Não o esteve para Vasco da Gama, como não o esteve para Neil Armstrong, quando pousou solo lunar pela primeira vez. O mesmo se passa com os novos exploradores, os almejantes das novas Índias, que exploram conhecimentos nunca antes vistos, dobrando o cabo das tormentas em direção ao desconhecido. Assim, são os novos exploradores da mente, dos seus poderes, do conhecimento infinito, da unificação desta com a cosmicidade do universo.

O hipnoterapeuta Benjamim Rodrigues traduz o pequeno e humilde passo de Armstrong no solo lunar, mas o começo de um grande salto para a humanidade. Talvez, no ano de 2100, estas palavras personifiquem a aventura destes dois grandes homens que deram novos mundos à humanidade, e também, o trabalho deste hipnoterapeuta.

Conheço há muitos anos este explorador da mente (Benjamim Rodrigues) – amigo de infância – e sei o carisma que possui, a missão que o destino lhe confiou, e a sua persistência por vezes obsessiva que revela ao estudar estes mistérios que a mente esconde. Ele não o sabe, mas eu sei que a sua missão será cumprida, e terá muito sucesso na mesma, pois acumula muito saber científico e intuitivo, ao longo da sua vida.

Tal como Vasco da Gama atracou um dia, por sinal mítico para esta nação, também sei que, pela tua persistência (Benjamim Rodrigues), atracarás em porto seguro, e este livro nada mais personificará que o sucesso da tua força interior, do tão escrutinado poder da mente.

O poder da mente nada mais é do que o ensinado por grandes místicos, como Cristo, tipificado na máxima "A tua fé te salvou", "basta creres". Claro, essa máxima tem técnicas, e muitas são aqui exploradas pelo hipnoterapeuta Benjamim Rodrigues!

Quando emitimos um pedido ao universo ele ecoa em forma de resposta através da nossa mente, técnicas ensinadas neste livro, por isso, emito o pedido de muito sucesso na tua carreira.

Sei que o Benjamim Rodrigues personifica a máxima consagrada no livro Hindu da sabedoria, o Baghavad-Gita, "seja pois o motivo de tuas ações e dos teus pensamentos, o cumprimento do dever, e fazeres as tuas obras sem procurares recompensa, sem te preocupares com o sucesso ou insucesso, com o teu ganho ou teu prejuízo pessoal. Não caias pois em ociosidade ou inação, como acontece facilmente aos que perderam a ilusão de esperar uma recompensa das suas ações..." ou ainda a máxima de Zaratustra "o que lavra a terra com dedicação, tem mais mérito religioso do que poderia obter com mil orações sem fazer nada.

Benjamim, segue "adelante" com as tuas certezas!

Abraço

Paulo Marques

INTRODUÇÃO

"O PODER DA MENTE – Como usar o poder da sua mente a seu favor" são crónicas que falam sobre o poder que cada um de nós tem na sua mente.

Nestas crónicas relato técnicas simples e práticas de hipnose clínica e ainda outras que pode fazer por si mesmo em auto-hipnose, para que desde já possa tirar cada vez mais partido das potencialidades da sua mente no seu dia-a-dia e nas mais diversas situações.

Numa linguagem fácil e acessível transmito ainda outras sugestões de bem-estar sob a forma de metáforas (a linguagem preferida da mente).

Conhecer o "Poder da mente" é antes de mais uma "obrigação" que todos deveríamos ter, pois é um poder que todos temos, mas que a maioria das pessoas não tem a real noção que o possui e por isso não o desenvolve nem conta com ele.

Esta é pois a transcrição de algumas, pois por motivos legais não foi possível publicar outras, nomeadamente em forma de metáforas, por não serem conhecidos os verdadeiros autores das mesmas.

No entanto e para quem quiser tomar conhecimento de todas as crónicas, poderá ver o vídeo respetivo que está publicado no youtube (com legenda para qualquer língua – ver link na ficha técnica).

Estas foram crónicas que eu próprio apresentei aos microfones da Rádio Alive FM (ex-Rádio Sátão) desde Maio de 2011 até Janeiro do corrente ano corrente de 2014 e que ainda irão continuar.

Foram crónicas, para falar especificamente sobre hipnose clínica e sobre assuntos que de alguma forma estão relacionados com esta terapia, mas que na verdade abordou muitos outros assuntos, como poderá ler.

O primeiro objetivo que tive quando decidi levar a efeito esta tarefa, foi desmistificar os conceitos e mitos errados sobre a hipnose clínica, pois deparei-me com ideias totalmente incorretas e mesmo falsas do que é esta terapia e dos enormes benefícios que pode trazer a qualquer pessoa, mesmo sem recorrer a um profissional hipnoterapeuta.

Quem nunca pensou em hipnose, como uma técnica que faz com que façamos e digamos coisas que não queremos?

Quem nunca pensou que durante uma sessão de hipnose vamos ser obrigados a revelar "aqueles segredos"?

Quem nunca pensou que depois de uma sessão de hipnose vamos passar a "ser obrigados" a fazer coisas contra a nossa vontade?

Certamente todos nós temos ou tivemos estes receios antes de experimentarmos uma sessão de hipnose clínica, mas acredite que isto só acontece porque na verdade não se ter a correta noção do que é a hipnose clínica.

Face ao que a maioria das pessoas pensa desta terapia, é pois este um receio natural, que eu compreendo e aceito, até porque a maioria dessas pessoas (incluindo eu próprio antes de conhecer esta terapia) não conhece verdadeiramente o que é a hipnose clínica, apenas conhece a hipnose através dos espetáculos de palco (hipnotismo), que viu, só que, na verdade o que viu mais não são do truques que visam apenas o entretenimento, mas que nos levaram a acreditar que vai haver alguém que nos vai "obrigar" a fazer e a dizer coisas contra a nossa vontade.

Por tudo isto é que senti a necessidade de esclarecer o que é hipnose clínica, em contraponto com o hipnotismo, para que as pessoas fiquem a conhecer e tenham a verdadeira noção da utilidade desta terapia e o que ela pode fazer por si mesmas e pela sua qualidade de vida.

Cumpre desde já esclarecer que todas as pessoas podem beneficiar de uma sessão de hipnose clínica, no entanto, ao contrário da medicina tradicional, só aquelas pessoas que se identifiquem com esta terapia poderão tirar daí todos os benefícios.

Com esta terapia, é a pessoa que vai buscar dentro de si todos os recursos que necessita para o seu próprio tratamento, sendo o hipnoterapeuta apenas um facilitador ou um guia de todo o processo.

Por fim, espero que este livro corresponda às suas expetativas e como não podia deixar de ser, independente de tudo, "DESEJO-LHE TUDO DE BOM".

O autor: Benjamim Rodrigues

O PODER DA MENTE
Como usar o poder da sua mente a seu favor

DesTINY

APRESENTAÇÃO DAS CRÓNICAS "O PODER DA MENTE"

Antes de começar estas crónicas sobre hipnose clínica ou hipnoterapia... vou passar a apresentar-me, eu chamo-me Benjamim Rodrigues e a minha formação em Hipnose Clínica foi adquirida através do London College of Clinical Hypnosis (LCCH), em Portugal, mais precisamente no Porto e neste momento exerço esta terapia em Viseu e aqui mesmo no Sátão.

O objetivo destas crónicas é tão-somente informar os ouvintes do que é a hipnose clínica e dos seus benefícios para a saúde.

Estas crónicas têm como principais objetivos:

-1º: Dar a conhecer esta terapia aos ouvintes da Rádio Sátão;

-2º: Esclarecer algumas ideias menos claras sobre o que é hipnose clínica e...
-3º: Dar a conhecer todos os benefícios para a saúde e bem-estar físico e mental que a hipnose clínica lhe pode proporcionar.

Estarei ainda ao dispor de todos os ouvintes para esclarecer eventuais dúvidas, poderão enviar as vossas perguntas aqui mesmo para a Rádio Sátão e serão respondidas na próxima crónica ou então poderão colocar as vossas questões através das redes sociais, onde facilmente me encontrarão.

E para começar estas crónicas, cumpre desde já esclarecer a diferença entre hipnotismo e hipnose clínica ou hipnoterapia.

Hipnotismo mais não é do que demonstrações de exercícios de hipnose que visam tão-somente o entretenimento e o espetáculo público.

Hipnose clínica ou hipnoterapia, que é o do que vou aqui falar, é uma terapia que utiliza a hipnose unicamente como meio de tratamento de doenças variadas sejam elas de origem física ou mesmo psicológica (mental, emocional e espiritual).

Então agora que sabemos o que é hipnose clínica, cumpre esclarecer o que é hipnose.

Hipnose é um estado totalmente natural da nossa mente em que entramos de forma natural várias vezes ao dia.

Induzir este estado de hipnose é tão simples, tão simples, como fazer com que uma pessoa relaxe profundamente todo o seu corpo, que acalme a sua mente, mudando o foco de atenção do exterior para o interior de si mesmo.

Neste estado a pessoa fica com uma sensação extremamente agradável de relaxamento e descontraído, que de tão confortável que está até pode parecer que está a dormir, mas a verdade, ao contrário do que muitas pessoas pensam, a pessoa sob hipnose não está a dormir.

Embora com os olhos fechados e profundamente relaxada e descontraída, a pessoa neste estado, fica com a sua mente mais alerta (por vezes até mais alerta do que no dia a dia), até porque não está sujeita a outras distrações, como por exemplo concentrada a ver outras coisas, pois está com os olhos fechados, ou concentrada em fazer determinados movimentos, já que está confortavelmente relaxada, por isso é que é mais fácil manter-se focalizada naquilo que lhe é dito pelo terapeuta.

Certamente já ouviu a expressão, 'relaxa que isso passa', pois a base de atuação da hipnose, quase que poderíamos dizer que assenta neste princípio: 'relaxa que isso passa'.

O mais incrível e espantoso é que neste estado se por exemplo até esse momento eu andava às voltas com um problema da minha vida, sem perceber as razões, os 'porquês', ou os 'como' neste estado eu posso de repente entender o que está por detrás desse meu estado emocional ou desse problema.

Não é magia não, pode acreditar que não é, isto verifica-se porque no estado de hipnose estamos dissociados, distantes da realidade, estamos desligados do conteúdo emocional do problema e todos sabemos, até por experiência própria, que libertos da emoção conseguimos ver as coisas sob outra perspetiva, sobre uma perspetiva mais abrangente.

MENTE CONSCIENTE E MENTE INCONSCIENTE

Na crónica de hoje, porque a hipnose clínica trabalha especificamente sobre a mente, importa esclarecer, até para que perceba melhor, como funciona a nossa mente, por isso vou dar uma explicação muito breve sobre a nossa mente.

A nossa mente é composta pelo nosso consciente ou mente consciente e inconsciente ou mente inconsciente.

Em primeiro lugar vamos falar sobre a mente consciente:

A mente consciente contém tudo aquilo que temos consciência neste momento específico, no entanto tudo o que está na nossa mente consciente também está na nossa mente inconsciente, por isso a parte consciente da nossa mente tem um tamanho incomparavelmente inferior à nossa mente inconsciente.

A mente inconsciente é mais alargada, mais abrangente e contém tudo o que sabemos mas de que não estamos conscientes neste momento, contém ainda todas as nossas experiências, todas as nossas vivências, todas as nossas aprendizagens, todas as nossas reações, todos os nossos hábitos, todas as nossas convicções, etc..

Por exemplo podemos não estar a pensar onde moramos, na nossa casa, nos nossos bens, nos nossas amigos, mas essa informação está no nosso inconsciente.

Podemos por exemplo não estar a pensar na nossa reação a determinado acontecimento, mas essa reação certamente já nos foi ensinada pelos nossos pais, pelos nossos educadores, essa informação já está na nossa mente inconsciente.

31

Na maior parte das vezes esta informação não vai de encontro àquilo que é melhor para nós, não nos serve e por isso não reagimos da maneira mais apropriada para nós, agimos sim, mas de acordo com a qualidade da informação que está guardada na nossa mente inconsciente.

A nossa mente inconsciente armazena tudo, absolutamente tudo, tudo o que algumas vez experimentámos, tudo o que alguma vez aprendemos, tudo o que alguma vez sentimos, tudo isto fica gravado na nossa mente no nosso cérebro, como se de informação num computador, só que a nossa mente inconsciente tem uma capacidade infinitamente superior a qualquer computador.

Mas a nossa mente inconsciente tem ainda uma função muito importante e essencial na nossa existência, que é a de controlar todas as funções automáticas do nosso corpo, tais como a respiração, o batimento do nosso coração, o fluxo do sangue no nosso corpo, o combate às doenças, etc..

À semelhança da nossa reação aos acontecimento, vista anteriormente, que é mais ou menos adequada para nós, conforme seja a qualidade das nossas aprendizagens, também no que respeita às funções automáticas do nosso corpo, a qualidade ou não das nossas aprendizagens e vivências, vai determinar a qualidade da reação do nosso organismo, quer seja nas funções automáticas do nosso organismo, quer seja no reagir e no combate às doenças.

PROGRAMAS AUTOMÁTICOS DE COMPORTAMENTO

Hoje e conforme o prometido na crónica anterior vou continuar a falar dos nossos 'programas automáticos de comportamento', para isso vou-me socorrer de alguns excertos do livro 'Nascido para triunfar' de um grande Sr. que é o Dr. Adelino Cunha:

Os teus resultados e as tuas reações não são mais do que uma consequência, não da tua capacidade para reagir, não da tua capacidade para fazer, mas sim da tua programação mental e do teu 'software mental' que repetidamente executas na tua mente, hora após hora, dia após dia, semana após semana, ano após ano.

Este 'software' a que eu prefiro chamar de 'programas automáticos de comportamento' ficam tanto mais fortes, tanto quanto mais tempo e mais repetidamente forem executados, à semelhança do que acontece com os nossos músculos, que ficam cada vez mais fortes, quanto mais forem exercitados.

A educação que temos, o ambiente em que vivemos, os livros que lemos, os amigos que temos, as experiências que vivemos, tudo isto fica gravado na nossa mente inconsciente e é reutilizado vezes sem conta no nosso dia-a-dia, tornando-se esta informação a base do nosso comportamento e a base das nossas reações.

A nossa mente não sabe como reagir até ter a informação que lhe permita decidir o que fazer.

Por exemplo, se observarmos um bebé que ainda não sabe andar, o que ele quer é mover-se, andar como os 'gigantes' que ele vê ao seu redor, os seus pais, avós, etc..

E vai tentar quantas vezes até conseguir, vai arriscar, porque vai ser encorajado para isso pelos seus educadores.

O bebé busca soluções até as encontrar e porque ainda não tem o 'seu programa automático de comportamento' vai buscar essas soluções, essas imagens, aos seus educadores ou a quem está mais próximo.

Quando somos bebés são gravados na nossa mente muitos ensinamentos, somos encorajados, somos motivados e porque ainda não temos nada gravado na nossa mente inconsciente que nos condicione, nós acreditamos nestas sugestões e vamos reagir conforme nos disseram, pois estas sugestões vêm das pessoas de quem mais gostamos, dos nossos pais, dos nossos educadores, etc..

Se nada mais e de menos correto acontecesse nos próximos desafios que lhe apareçam, iria estar condicionado para agir e reagir dessa mesma forma repetidamente.

Só que, a partir de uma certa altura a envolvente começa a gravar na mente do bebé outros conteúdos, como por exemplo: 'é sempre a mesma coisa, fazes sempre tudo errado', ou 'não vás por aí que não consegues', 'não faças isso porque é perigoso', 'não consegues porque é muito difícil'.

E estas crenças que são incutidas são gravadas com enorme intensidade emocional, porque provêm de pessoas de grande influência. que são os educadores e modelos a seguir, que são os pais, avós, amigos, etc..

E numa primeira fase o bebé/criança fica confuso: 'afinal eu tenho capacidades ou não?', 'afinal é possível ou não?', 'eu vou conseguir ou não?', 'vale a pena arriscar ou não?', ou mesmo 'vale a pena tentar ou não?'.

AS NOSSAS REAÇÕES

Na crónica de hoje vou continuar a falar dos nossos programas mentais, dos nossos programas automáticos de comportamento.

Ouvimos na crónica anterior que as nossas reações dependem das crenças que estão gravadas na nossa mente inconsciente, as quais nos foram impostas (pois que nem sequer tínhamos consciência delas), em tenra idade, especialmente pelos nossos educadores.

Com o passar do tempo o que vai ditar o tipo de reação a determinado acontecimento, o que vai ditar a nossa tomada de decisões é o conjunto predominante das experiências e gravações que estão na nossa mente inconsciente.

Ou seja, se o prato da balança pender para o lado positivo, responderemos positivamente, se por outro lado pender para o lado negativo, responderemos de forma negativa.

Perante estes factos, só há uma forma de modificar esta situação, temos de alterar a informação que está gravada na mente inconsciente, fazendo pender o prato da balança para a área que melhor serve a nossa realização pessoal e que nos dá maiores garantias de satisfação.

Por exemplo e pegando em alguns exemplos da crónica anterior, não é crível que uma criança em que os seus educadores digam repetidamente: 'não vás por aí que não consegues', que depois quando está perante uma dificuldade, que pense para si mesmo 'que vai por aí que vai conseguir', pois na sua mente já está gravado e por quem ela mais acredita, que foi pelos seus educadores, 'que não consegue'.

Por outro lado e pegando agora noutra situação: por exemplo 'tu vais conseguir, pois tu já conseguiste antes outras coisas, acredita em ti', nesta situação a criança/adulto quando se deparar com uma dificuldade vai ter gravado na sua mente inconsciente, que até pode ser possível, pois tem essa informação gravada na sua mente, tem gravado na sua mente inconsciente que vai conseguir e vai enfrentar essa dificuldade com uma confiança e segurança que na situação anterior não seria possível.

Resumindo... as nossas reações não são em função da realidade que observamos, mas sim de uma representação interna dessa realidade que é feita de acordo com a qualidade ou não da informação gravada na nossa mente inconsciente, sendo que quando as nossas reações geralmente não correspondem aos nossos interesses atuais, foi porque essa qualidade não foi por nós ajustada à nossa realidade, mas sim à realidade dos nossos educadores.

Por exemplo o fato de nos acharmos feios ou bonitos, tem a ver com a nossa representação interna e não com a realidade.

Já vimos então que as nossas reações têm a ver com a qualidade da informação que está na nossa mente inconsciente, logo para alterar a nossa reação aos acontecimentos de acordo com os nossos interesses atuais, temos de colocar na nossa mente inconsciente a informação que nos serve.

E como é que colocamos essa informação na nossa mente inconsciente?
Uma das formas é utilizando 'filmes mentais' que vamos ativar com a nossa imaginação, é aqui que entra a hipnose clínica como um meio complementar para implantar mais eficazmente esta informação diretamente na nossa mente inconsciente, mas disso falaremos nas próximas crónicas.

O EFEITO DO RELAXAMENTO

Na crónica de hoje vou continuar a falar dos nossos programas automáticos de comportamento e de que forma podem ser alterados para estarem de acordo com as nossas necessidades e interesses atuais.

Uma das formas é através da hipnose clínica, que mais não é, conforme vimos nas crónicas anteriores, do que transmitir sugestões a uma pessoa que está num estado de relaxamento profundo.

E porque é que estas sugestões são mais eficazes sendo transmitidas neste estado?

Porque neste estado de relaxamento profundo a mente consciente porque não tem necessidade de estar ativa e vigilante, permite que as sugestões vão diretamente para a mente inconsciente, que é onde estão localizados estes programas automáticos de comportamonto.

Este estado de relaxamento profundo permite ainda que a pessoa... porque está num relaxamento profundo, 'veja' aquela situação de uma maneira mais abrangente e mais distante, permitindo assim 'ver e reviver', essa situação de uma forma diferente e tirar dai outras conclusões e ensinamentos.

Importa aqui referir que quando o nosso corpo e mente estão relaxados, o padrão das ondas cerebrais muda e torna-se mais lento.

Este nível mais profundo de relaxamento e mais lento é vulgarmente chamado 'nível alfa', enquanto que o estado de vigilância ativo é apelidado de 'nível beta' e numerosas pesquisas científicas têm estudado os seus efeitos.

O 'nível alfa' tem consequências muito benéficas para a saúde, em virtude dos seus efeitos relaxantes que produz sobre a mente e sobre o corpo, este estado revela-se muito eficaz para criar através da visualização as modificações que se pretendem.

Então em concreto, poderemos dizer que conseguirá melhorias muito mais significativas na sua vida, se aprender a descontrair-se e a relaxar do que simplesmente pensando nelas.

Que fique claro que um determinado acontecimento traumático, só afetou a pessoa nessa altura e continua a afetar no presente, porque não foi compreendido e aceite.

Quando a pessoa souber com clareza a origem do seu comportamento e tiver tirado daí todos os ensinamentos, a partir daí deixa de haver esse condicionamento e a pessoa já não vai agir e reagir de acordo com esse acontecimento porque para a pessoa esse acontecimento faz parte do passado e somente vai retirar daí os ensinamentos se os tiver havido.

O que causa sofrimento à pessoa é o fato de perante determinado acontecimento, reagir de uma forma menos positiva e não saber o que provocou essa reação e não outra mais positiva e mais de acordo com os seus interesses atuais.

Importa no entanto aqui desde já esclarecer um mito sobre hipnose clínica, nem todas as abordagens em hipnose terão a ver com a pessoa reviver esse acontecimento traumático, ou seja a chamada regressão, esta é apenas uma das técnicas que poderá ser ou não mais apropriada para o problema em questão, de acordo com a conclusão a que se chegar relativa à causa do mal-estar.

Na próxima crónica irei abordar alguns mitos errados sobre hipnose clínica.

MITOS ERRADOS SOBRE HIPNOSE CLÍNICA

Na crónica de hoje vou referir alguns mitos errados ou menos claros do que é hipnose e do que algumas pessoas pensam, como por exemplo que a pessoa vai dormir, ou que vai ser obrigada a fazer ou a dizer aquilo que não quer, etc..

Conforme referi anteriormente, embora os princípios sejam os mesmos, na hipnose clínica as chamadas 'ordens pós-hipnóticas', que mais não são do que as ordens para serem executadas depois da hipnose, visam somente o bem-estar da pessoa, pelo que, salvo algumas exceções, certos exercícios de entretenimento como por exemplo 'imobilizações', 'insensibilizações', etc., servem apenas para demonstrar o poder da hipnose e geralmente não serão aplicados em hipnose clínica.

Um dos maiores mitos sobre hipnose é que você perderá a consciência, mas não, a hipnose é apenas um estado alterado de consciência, porém nunca a perde.

Durante o estado de transe ou hipnose, ficará ciente de tudo em cada momento e ouvirá tudo o que o hipnoterapeuta estiver a dizer.

Ouvirá e tomará ainda mais atenção ao que lhe é dito pela simples razão que o seu sentido que está mais recetivo é a audição.

Relativamente à sua vontade, ao contrário do que muita gente pensa, a sua vontade não vai enfraquecer ou mudar de forma alguma.

Durante uma sessão de hipnose, o paciente está no controle e, se desejar por qualquer razão sair do estado hipnótico, pode fazer isso simplesmente abrindo os olhos.

O profissional hipnoterapeuta explicará previamente as técnicas que irá aplicar, para saber se fazem ou não sentido para o paciente e só em caso afirmativo começará a terapia, tendo no entanto algumas precauções, como por exemplo começar com técnicas mais simples de relaxamento para familiarizar o paciente com as técnicas da hipnose e também para desfazer alguns medos e receios que nesta fase é normal o paciente sentir.

Outro dos mitos errados é de que vai ser obrigado a falar... no entanto na maior parte das técnicas nem sequer é necessário estabelecer diálogo entre paciente e terapeuta, pois há outras formas de comunicar, no entanto quando se chegar à conclusão que será aconselhável manter um diálogo durante a terapia, tal será referido antes da sessão de hipnose e revelados os assuntos e temas que serão abordados.

O paciente nunca irá ser obrigado a falar durante a hipnose se não quiser, muito menos, a revelar informações que gostaria de manter em segredo.

Poderá falar durante a hipnose só se assim o entender e se o seu hipnoterapeuta achar mais aconselhável usar uma técnica que inclui um diálogo com vista a ajudá-lo.

Outro dos mitos errados prende-se com o facto do paciente se, por força maior, não poder ser desperto do estado de transe pelo hipnoterapeuta, passados alguns minutos voltará ao seu estado normal.

Em resumo, poderei dizer que o que muitas vezes acontece é que a pessoa sujeita a hipnose clínica, ao contrário da pessoa sujeita a exercícios e demonstração de hipnotismo, muitas vezes tem a noção de que não esteve hipnotizada, só porque se lembra de tudo, mas na verdade esteve.

Na hipnose clínica pese embora os resultados 'pós-hipnóticos' não serem tão visíveis como no hipnotismo, por não implicarem mudanças visíveis, como por exemplo imobilizações, etc.,

No entanto estas mudanças já começaram interiormente na mente inconsciente da pessoa, no entanto só mais tarde a pessoa, ou até mais, as pessoas mais próximas, se vão dar conta desta evolução.

"PERIGOS" DA HIPNOSE CLÍNICA

A crónica de hoje vai ser especial, vai ter alguma ironia, já vai perceber porquê...

Retirei estes extratos de uma publicação do meu professor Mário Rui Santos, que acho simplesmente fantástica.

O título é nem mais nem menos do que: *´Perigos da hipnose ou da auto-hipnose´.*

Começa então assim:

«Ao usar estas técnicas a sua mente assume o controlo do seu ser, através da sua atenção e concentração. Isso é extremamente perigoso.

Você poderá assim conseguir relaxar quando toda a gente na sua situação deveria era ficar nervosa. Não se meta nisto.

A hipnose ou a auto-hipnose poderá também ajudá-lo a olhar para o seu passado de uma forma mais tranquila, ajudando-o a observar de forma mais serena e sábia esse seu passado. Cuidado.

A sociedade precisa de si, com todos e mais alguns sentimentos de culpa e ressentimentos que forem possíveis. É muito perigoso viver sem isto. Afaste-se deste tipo de técnicas!

Fazer aquilo que lhe faz sentido, que é bom para si, para a sua saúde, bem-estar e equilíbrio é outro dos grandes riscos desta técnica!

Deixe que a sociedade decida por si e mantenha-se afastado deste tipo de práticas.

Você sabe também que nunca será suficientemente bom, e é necessário que se sinta mal por isso e se acomode à sua mediocridade. Não assuma riscos desnecessários, mais uma vez !!!

Estas técnicas poderiam ajudá-lo a aceitar-se como é e a objetivar-se em desenvolvimento, a fazer crescer o seu ser. É perigoso. Já existem pessoas fortes e grandiosas que cheguem. Confirme na televisão!

E finalmente, não pense que estas técnicas o poderiam ajudar a tomar menos medicamentos para a ansiedade ou para a depressão. Isso é o mais ignorante de todos os erros das pessoas comuns. Vá tomando e não pense em libertar-se dos químicos. Para além de errado é extremamente perigoso pensar assim!!!

O ser humano não foi feito para pensar por ele. Existem outras pessoas para o fazer.

Responsabilizar-se pela sua vida, felicidade ou sucesso é um risco. Fazê-lo com a prática destas técnicas poderá conseguir!!!»

FILMES MENTAIS

Na crónica de hoje, vou falar um pouco sobre os nossos 'filmes mentais', ou seja, daquilo que estamos constantemente a imaginar ou mesmo a visualizar que nos vai acontecer e vou também referir de que forma poderemos alterar estes filmes mentais para estarem de acordo com as nossas necessidades.

Em primeiro lugar cumpre esclarecer que existe um princípio que diz que 'tudo o que pensamos vamos atrair para nós'. Se pensamos coisas negativas, vamos atrair para nós as experiências dessas coisas negativas, se por outro lado pensamos e tivermos filmes mentais e visualizações positivas na nossa mente, vamos atrair essas situações positivas para a nossa vivência.

Certamente já lhe aconteceu que quando está concentrado numa determinada situação, até parece que tudo à sua volta perde a importância, isto deve-se ao fato de antes de fazer, já estar a imaginar-se a fazer, antes de fazer já tem um filme mental na sua cabeça daquilo que vai executar, pois o seu foco de atenção está presente naquela situação e a sua mente está concentrada nessa situação e tudo o resto à sua volta fica em segundo plano.

A seguir e para se perceber melhor como funciona o mecanismo dos nossos pensamentos, das nossas emoções e das nossas sensações, vou dar uma breve explicação sobre energia e sobre a matéria.

Atualmente e cada vez mais o mundo da ciência começa a descobrir que 'o nosso universo físico' não é de modo algum constituído fundamentalmente por matéria, mas sim por energia.

É no entanto ao nível dos nossos sentidos físicos que as coisas e os objetos nos aparecem sólidos, no entanto a um nível mais subtil, a matéria aparentemente sólida, revela-se sob a forma de partículas cada vez mais pequenas, umas no interior das outras, para finalmente darem origem a um estado de energia, ou seja, a uma coisa aparentemente física e material.

Poderemos pois dizer que, a diferentes níveis, todos nós somos energia e que tudo à nossa volta é energia.

No entanto esta energia vibra a velocidades diferentes.

Relativamente ao que nos importa aqui referir, quanto aos nossos pensamentos, emoções e sensações, também isto tudo é uma forma de energia, é uma energia que no entanto vibra a uma velocidade mais subtil e leve, o que lhe confere portanto o puder de mudar rápida e facilmente.

Conforme disse no início desta crónica, à semelhança da Lei da Atração, também aqui a energia de uma determinada qualidade ou vibração tende a atrair energia da mesma qualidade e da mesma vibração.

Por exemplo certamente já notou que quando está contente e bem-disposto, sente-se mais confortável junto de pessoas que também assim estão, ao contrário de quando está triste e desanimado certamente não se sente bem nesse ambiente de alegria.

Mesmo que não recorra diretamente a uma ação física para manifestar as suas ideias, o princípio é sempre o mesmo, o simples facto de ter uma ideia ou um pensamento e de o manter presente no seu pensamento, vai mobilizar uma energia que visa atrair e criar a forma correspondente sob o plano material.

OS NOSSOS PENSAMENTOS

Na crónica de hoje vou continuar a falar dos nossos 'filmes mentais' e dos nossos pensamentos e como eles podem determinar a nossa qualidade de vida.

Ouvimos na crónica anterior que tudo o que pensamos vamos atrair para a nossa experiência, pois a energia de uma determinada qualidade ou vibração tende a atrair energia da mesma qualidade e da mesma vibração.

Ou seja, se pensar constantemente na doença, acabará eventualmente por ficar doente, se pensar constantemente que não irá conseguir atingir determinado objetivo, certamente que não irá conseguir, pois a Lei da Atração vai atrair a energia da mesma qualidade do seu pensamento para que possa experienciar aquilo que está a pensar e a sugestionar-se.

Não deve pensar de forma alguma no que não quer, pois além de não ser específico, pois apenas refere o que não quer, a Lei da Atração nunca lhe poderá dar aquilo que não quer.

Outro princípio muito importante, é que deve ser específico e concreto nos seus desejos, pelo simples facto de que se não definir aquilo que quer como vai saber que já tem isso na sua posse e se você mesmo não sabe o que quer, como pode o universo e a Lei da Atração saber?

Dou a seguir alguns exemplos de pedidos mal formulados: por exemplo: '- quero ter mais dinheiro', '- quero ter mais saúde', '- quero ter uma casa grande', etc..

Nestas situações, porque não foi concreto nem específico no seu objetivo, como irá saber quando o conseguir atingir?

Saberia se o seu objetivo foi conseguido se por exemplo formula-se pedidos desta maneira: '- quero ter mais mil euros no dia 31 de Julho de 2011', '- quero perder 5 kg de peso até ao dia 31 de Julho de 2011'.

A Lei da Atracão só lhe vai dar aquilo que pede, não aquilo que recusa ter, pois uma recusa não é um pedido.

Por exemplo: '- não quero ficar doente', '- não quero ter dívidas para pagar' - isto não são pedidos, isto são meras afirmações daquilo que não quer ter.

Deveria referir: '- eu quero estar cada vez mais de perfeita saúde relativamente ao meu problema x', '- eu vou conseguir a quantia de x até ao dia y para pagar todas as minhas dívidas', etc. .

Ou seja nós vamos atrair para nós aquilo que pensamos e aquilo para o qual nós transmitimos mais energia.

Quando somos negativos, receosos, inseguros, ou ansiosos, temos tendência a atrair as pessoas, os acontecimentos, etc., que procuramos precisamente evitar.

Se por outro lado somos fundamentalmente positivos, as pessoas que atrairemos e as situações e acontecimentos que vamos criar vão estar de acordo com as nossas expetativas, é por isso que quanto mais energia positiva colocar-nos naquilo que imaginemos, mais isso terá tendência a realizar-se na nossa vida.

PROGRAMAS NEGATIVOS

Há muitas ideias que 'instalam programas negativos' na nossa mente inconsciente e que vão funcionar como autossabotagem dos nossos sonhos e objetivos que queremos alcançar.

Por exemplo algumas destas expressões ser-lhe-ão familiares, como: '- a vida é sofrimento'; '- é preciso trabalhar muito e fazer muitos sacrifícios para se ter tudo o que se quer'; '- o dinheiro não me importa, nunca quis ser rico, o dinheiro não traz felicidade'; etc. .

Pegando ainda nos exemplos anteriores, imagine que quando diz para si mesmo que 'é preciso trabalhar muito e fazer sacrifícios para se ter tudo o que se quer' e depois ambiciona ter uma vida calma e tranquila, isto vai provocar na sua mente o confronto de dois opostos, por um lado aquilo que sempre lhe foi dito e que aceitou e acreditou que foi que 'a vida é sofrimento', por outro lado a vida que ambiciona ter, de paz e de boa saúde.

Pode crer que nestas situações a parte negativa tende sempre a sobrepor-se à parte positiva.

Por isso é muito importante analisar as suas crenças e ver se não estão em conflito com aquilo que pretende alcançar, para evitar resistências psicológicas e mentais, que estas sim vão provocar enorme sofrimento e mal-estar, porque na verdade não as consegue aceitar nem compreender.

Será realmente capaz de imaginar-se de uma maneira realista uma pessoa bem-sucedida, realizada, a viver com satisfação, com saúde e em prosperidade?

Será capaz de abrir os olhos à bondade, à beleza, e à abundância que o cercam?

Enquanto não conseguir conceber o mundo como um lugar bom, propicio ao sucesso de todos e ao seu sucesso, terá dificuldade em criar o que deseja na sua própria vida.

Se quer praticar a visualização criativa com sucesso é necessário que esteja pronto para aceitar o que a vida tem de melhor para lhe oferecer.

Por estranho que pareça, muitos de nós aceitam com dificuldade a possibilidade de realizar e concretizar sonhos e desejos, isto provém geralmente de um profundo sentimento de falta de mérito formado especialmente durante a infância e que se poderia resumir da seguinte maneira, 'não sou realmente bom, não sou digno de amor, não sou digno de valor, não mereço ter aquilo que desejo', no entanto por vezes este julgamento pessoal é acompanhado de outros sentimentos, por vezes contraditórios, que nos dizem que somos bons e merecedores.

Se sente alguma dificuldade em imaginar-se nas circunstâncias ideais ou se se surpreende a pensar que 'nunca conseguirei ter isso', será útil olhar para a imagem que tem de si mesmo e falar consigo mesmo e dizer a si mesmo coisas positivas, pois se fizer uma análise mais cuidada de todas as suas convicções e crenças sobre si mesmo, estas provêm do fato de provavelmente ter sido convencido, na mais tenra infância e a vários níveis, pelos seus educadores e pelas pessoas mais próximas, que é de algum modo mau, pouco inteligente, incapaz, etc..

Lembre-se que cada dia que passa, a cada novo pensamento que tem, vai criar em si uma nova pessoa, uma nova forma de pensar, uma nova forma de agir, a cada dia que passa vai trazer para si uma nova oportunidade de tomar consciência do que pretende mudar em si e só com esta tomada de consciência vai poder mudar a pouco e pouco os seus pensamentos.

SONHOS E OBJETIVOS

Por estranho que possa parecer muitos de nós não aceitam, ou não acreditam, na possibilidade de realizar e concretizar sonhos e objetivos, pode acreditar que sim e isso geralmente provém de um profundo sentimento de falta de mérito formado durante a mais tenra idade, conforme disse na crónica anterior.

A imagem que temos de nós mesmos é a maneira como nos consideramos como pessoas, como nos sentimos perante nós mesmos e muitas vezes não é a melhor.

A imagem que temos de nós mesmos é muitas vezes estranha complexa e multifacetada.

Para termos consciência dos diferentes aspetos da nossa imagem interior, ou seja da imagem que temos de nós mesmos, devemos começar por nos perguntar-mos: 'o que acho de mim neste momento?' várias vezes ao dia e começarmos a reparar que tipo de ideias ou imagens mentais temos de nós nesses diferentes momentos e situações.

É bastante positivo tomarmos esta consciência efetiva da imagem que temos de nós numa determinada situação até porque tendo consciência da imagem que temos de nós mesmos nessa situação, vamos desde logo poder 'trabalhar essa imagem' no sentido de conseguir ter uma imagem de nós que faça mais sentido para nós, que seja mais de acordo com os seus interesses.

Por exemplo se nos achamos mal feitos, feios, obesos, magros, grandes, pequenos, etc., o que isso pode significar é apenas que não nos estimamos o suficiente para nos concedermos a nós mesmos, aquilo que merecemos verdadeiramente, ou seja o melhor, e por isso a nossa mente inconsciente vai-nos proporcionar as experiências que

53

nos levam a sentir aquilo que estamos a imaginar, a sentir, ou a visualizar.

É impressionante descobrir a quantidade de pessoas realmente bonitas e atraentes aos olhos das outras pessoas, mas que para elas se acham frequentemente feias ou pouco dignas de mérito.

Isto acontece porque aceitaram para si estas sugestões e continuam a visualizar-se em certos filmes mentais negativos que foram aceitando muitas vezes sem disso terem consciência efetiva.

Quando descobrirmos por que razão não nos aceitamos tal como somos, não podemos perder nenhuma oportunidade de nos elogiarmos, de demonstrarmos estima e afeto por nós mesmos e de colocarmos filmes mentais positivos de nós mesmos na nossa mente de coisas gratificantes e importantes que já fizemos ou então de coisas que nos imaginamos a fazer no futuro.

É muito importante que saibamos que quando estamos num estado de relaxamento profundo, quando é a nossa mente inconsciente que prevalece, a nossa mente aceita como reais estes filmes mentais que estamos a visualizar, ou seja, vamos estar a viver estas emoções como se estivessem nesse momento a manifestar-se fisicamente na nossa existência.

Uma das formas mais eficazes de criarmos filmes mentais positivos, é o autoelogio, esta é uma das formas mais poderosas para instalarmos filmes mentais positivos na nossa mente.

Poderemos ainda tornar este elogio mais forte de várias formas, nomeadamente: escrevendo-o, colocando imagens, referi-lo em voz alta, ou mesmo divulgá-lo publicamente, pois assim vamos ficar cada vez mais comprometidos para realizarmos os nossos objetivos e concretizarmos os nossos sonhos. Como alguém disse: 'uma pessoa sem sonhos já morreu só que se esqueceu de cair para o lado'.

SISTEMA DE CRENÇAS E VALORES

Conforme ouvimos nas crónicas anteriores a comunicação entre o corpo e a mente esta ativa a todo o momento.

O corpo interpreta para si tudo sobre o universo físico à sua volta de acordo com as suas próprias experiências individuais passadas e o seu sistema de valores e de crenças, sendo que depois a mente inconsciente vai ordenar ao corpo para reagir de forma adequada em relação ao dados de que dispõe.

Se o nosso sistema de valores ou de crenças que está instalado na nossa mente inconsciente julgar oportuno ou inevitável ficarmos doentes numa dada situação, informará o corpo que obedientemente manifestará sintomas de doença, ou seja, ficará mesmo doente.

Resumindo, de acordo com o nosso sistema de valores das nossas crenças e de acordo com as nossas experiências individuais que temos interiorizado na nossa mente, a melhor solução que a nossa mente inconsciente nos pode conseguir arranjar poderá mesmo ser a de estarmos doentes por incrível que possa parecer à primeira vista.

Por muito que nos custe aceitar, muitas vezes ficamos doentes porque interiormente na nossa mente inconsciente estamos persuadidas de que a doença é a única resposta possível para certas situações ou circunstâncias, porque a doença parece poder resolver um problema, ou então porque nos fornece algo de que necessitamos, ou ainda porque representa uma solução desesperada para um qualquer conflito interno não resolvido e insuportável.

Que fique bem claro que todas os comportamentos e todas as reações que a nossa mente nos ordena para fazer, representam em alguma situação algum ganho para nós, nem que seja simplesmente um ganho secundário.

Posso citar alguns exemplos: a pessoa que tendo estado em contacto com uma doença contagiosa e a contrai, muitas vezes isto pode acontecer porque no seu sistema de crenças lhe foi incutido que isso é inevitável ou pelo menos altamente provável e com isto instala um programa automático de comportamento que prepara o organismo para a inevitabilidade desse contágio e desde logo a não acionar os mecanismos de defesa que o organismo teria se não estivesse condicionado para não atuar;

Outro exemplo: aquele que morre da mesma doença de que morreu um dos seus pais, está desde tenra idade 'programado' para que o seu corpo não reaja àquela doença, pois foi-lhe incutido como inevitável tal situação e mesmo que a sua mente inconsciente tivesse noção que teria de reagir, não o faria se considerasse que seria inevitável a doença, se soubesse que não seria capaz de combater a doença, pois a sua mente sábia como é, já tem as informações que lhe dizem para não entrar nesta guerra, pois tem a informação da inevitabilidade da derrota;

Por exemplo a pessoa que fica doente ou é vítima de um acidente para poder deixar o emprego, poderá ser a forma que a sua mente inconsciente lhe arranjou para se livrar daquele emprego de que não gosta, ou pode também ser porque essa pessoa vai encontrar na doença a descontração e o descanso que não conseguiria ter de outra forma.

BIRRAS

Na crónica de hoje vou falar sobre um tema uma pouco controverso para alguns pais que é porque é que os seus filhos têm birras cada vez mais frequentes.

Se quando somos crianças perante determinado pedido e perante determinada atitude nossa o nosso pedido é aceite, esta situação vai reforçar um programa automático de comportamento, ou seja, se perante determinada atitude ou comportamento vou conseguir aquilo que pretendo com menos esforço, vou continuar a ter esta mesma atitude para ter estes mesmos resultados.

Que fique claro que a nossa mente inconsciente tem como objetivo conseguir o melhor, com o menor esforço possível.

Logo quando a criança faz uma primeira birra porque quer determinada coisa e essa coisa lhe é negada uma primeira vez e uma segunda e depois lhe é concedida em virtude de uma birra ou outra situação ou comportamento, sem qualquer justificação, fica gravada na mente inconsciente da criança que afinal com pouco esforço ou seja, com uma birra ou outro comportamento, vai conseguir aquilo que quer.

Quando numa primeira vez a criança atinge os seus objetivos, que não são mais do que, como disse atrás, com o menor esforço conseguir o melhor para si, começa a ver que este jogo até lhe pode ser proveitoso, pois afinal pode conseguir mais, com menos esforço.

Isto vai fazer com que na mente inconsciente da criança fique gravado um programa automático de comportamento que lhe vai indicar que com determinado comportamento ou atitude a criança vai conseguir aquilo que quer.

Acontece que os pais e educadores, mais tarde começam a não achar muita piada a esta situação e depois de cederem algumas vezes, ou mesmo durante alguns anos, muitas vezes para pura e simplesmente calarem a criança, tentam nessa altura não ceder, o que vai provocar na criança uma birra ainda mais forte, porque na mente da criança já está instalado o programa automático de comportamento que lhe indica que o pai irá ceder, pois já cedeu das outras vezes, por isso será uma questão de tempo.

Esta crença que fica incutida na mente vai-se tornando cada vez mais forte e consistente, a cada vez que a criança consegue atingir os seus objetivos, logo a criança vai continuar a ter este comportamento como forma de conseguir ter aquilo que lhe dá prazer com o mínimo de custos, no seu sistema de crenças.

Perguntará o ouvinte: '- como posso evitar que o meu filho faça mais birras para conseguir aquilo que quer?'

Como já ouvimos atrás, a mente inconsciente quer seja da criança, quer seja do adulto, tem como objetivo conseguir o máximo de prazer e satisfação com o mínimo de esforço.

Logo se a criança consegue o seu objetivo com uma birra e se a birra no seu sistema de crenças é o menor dos esforços que tem de fazer para conseguir atingir o seu objetivo, vai continuar a ter esta atitude até que esse comportamento não represente mais ganhos para si.

Agora outra questão: '- como pode ceder a uma birra sem reforçar um programa de comportamento automático de birra?'

COMPORTAMENTO/GANHOS REAIS

Na crónica anterior deixei uma pergunta no ar que foi: 'como é que um educador pode ceder a uma birra de uma criança sem reforçar um programa de comportamento automático de birra na criança?'

A resposta é muito simples, é só justificando o porquê da mudança de atitude.

A criança só vai manter o seu comportamento se souber que o resultado desse comportamento é um ganho real.

Acontece que, se a 'suposta cedência' à birra for, não o comportamento da criança, mas sim um fator externo à criança, por exemplo se lhe for explicado que só comprou ou só lhe deu aquela coisa por um motivo específico e concreto, esta justificação vai reforçar na crença da criança que não foi o seu comportamento ou birra, a causa de ter obtido aquilo que queria, mas sim uma causa externa a ela.

E quando um determinado comportamento, quer seja da criança, quer seja do adulto, não representar ganhos reais no seu sistema de crenças vai-se extinguir de forma natural.

A mente inconsciente não vai manter um comportamento se esse comportamento não representar ganhos reais no seu sistema de crenças, logo esse comportamento tende a desaparecer com o tempo.

Ou seja quando a expetativa da criança é de que não consegue atingir o seu objetivo com essa birra ou comportamento, no futuro e para atingir o mesmo objetivo já não vai ter o mesmo comportamento.

A gestão das expetativas em hipnose clínica, à semelhança do exemplo anterior também é muito importante e mais não é do que 'negociar' com o paciente qual é a sua expetativa em relação à evolução do seu estado de saúde e em relação ao que esta terapia pode fazer para resolver ou melhorar a sua situação.

Fazer esta 'negociação' da gestão das expetativas é muito importante, pois se por um lado o paciente chegar sem qualquer expectativa de melhorar, ou em relação a esta terapia, não será fácil esta terapia dar resultados positivos, pois o paciente irá opor resistências às sugestões que lhe irão ser transmitidas.

Por outro lado, se o paciente chega com demasiadas expetativas e a pensar que muito rapidamente vai estar conforme pretende, pode ser desencorajador para ele verificar que a evolução do tratamento não é aquela que ele tinha idealizado.

É importante referir que em hipnose clínica, e conforme já referi em crónicas anteriores, o paciente muitas vezes não tem uma noção clara da evolução do tratamento, pois muitas vezes estas reações e estas mudanças, não são visíveis no imediato e de forma consciente.

A mudança vai começar a processar-se, quer através de comportamentos diferentes, quer através de reações diferentes do organismo, no entanto estas reações muitas vezes não são registadas conscientemente pelo próprio, pois são mudanças que ocorrem de forma perfeitamente natural e sem qualquer imposição externa.

Muitas vezes os resultados do tratamento pela hipnose são até mais visíveis por quem está próximo, do que pela própria pessoa.

OS NOSSOS PENSAMENTOS

Se cuidássemos bem da nossa mente, como tratamos por exemplo do nosso jardim, ela iria exceder as nossas expectativas, mas se à semelhança do nosso jardim, nos descuidarmos e deixarmos que as ervas daninhas criem raízes e o infetem, nunca mais teremos paz de espírito e harmonia interior.

Como já referi nas crónicas anteriores... os pensamentos que temos são formas de energia que fazem com que vamos atrair para as nossas experiências físicas do dia-a-dia, as coisas físicas que precisamos para experienciar esses mesmos pensamentos.

As pessoas que pensam todos os dias as mesmas coisas, sendo a maior parte delas negativas, caíram em maus hábitos mentais.

Em vez de se concentrarem em todos os aspetos bons das suas vidas e a pensarem na maneira de melhorar as coisas à sua volta, ficam presas aos seus passados.

Algumas preocupam-se com relações fracassadas ou com problemas financeiros, outras continuam a 'remoer' as suas infâncias pouco perfeitas, outras preocupam-se com assuntos menores como por exemplo a forma como o empregado de uma loja as tratou ou o comentário de um colega ou vizinho, etc. .

As pessoas que pensam desta maneira estão a permitir de forma inconsciente que esta preocupação lhes roube a vontade e alegria de viver e se calhar, só porque não se aperceberam de fazerem uma gestão consciente da sua própria mente e dos pensamentos que ela tem a cada momento.

No entanto a maneira como pensamos deriva em grande medida dos nossos hábitos, só que a maior parte das pessoas não se apercebe do enorme poder das suas mentes e por isso não tem a noção que tem de alterar os seus hábitos e a sua forma de pensar.

Todos nós temos o poder de determinar o que vamos pensar a qualquer momento, esta capacidade de pensar de determinada maneira e não de outra, também tem a ver com os nossos ensinamentos… com as nossas crenças e aprendizagens que temos guardadas na nossa mente inconsciente.

Não existem realidades objetivas ou uma 'realidade real', pois estas realidades são interpretados e processados de acordo com todas as aprendizagens e ensinamentos que estão guardadas na nossa mente.

O rosto do seu maior inimigo pode ser o rosto do meu melhor amigo, um acontecimento que parece uma tragédia para uma pessoa pode ser a oportunidade para outra.

Podemos pois concluir que o que realmente separa as pessoas que são geralmente positivas e otimistas, daquelas que estão constantemente infelizes é a maneira como essas circunstâncias da vida são interpretadas e processadas pela sua mente inconsciente, pois ao contrário do que muitos pensam, é esta nossa mente que vai processar toda a nova informação com base em todos os ensinamentos e aprendizagens que temos.

Em resumo podemos dizer que independente do que possa acontecer na nossa vida, só nós temos a capacidade de escolher como vamos reagir e de poder o criar o hábito de procurar sempre o lado positivo em todas as circunstâncias e creia que isto consegue-se com algum treino mental, sendo a hipnose clínica um preciso auxílio nesta tarefa.

O PODER DOS PENSAMENTOS

Conforme ouvimos na crónica anterior, uma forma de controlar melhor os pensamentos que temos é através da hipnose clínica.

Quando aprendemos a controlar os nossos pensamentos e a imaginar tudo o que desejamos para esta existência terrena num estado de total expetativa, começaremos a libertar o verdadeiro potencial da nossa mente.

A partir de hoje esqueça o passado, ouse sonhar que é mais do que a soma das atuais circunstâncias, espere pelo melhor e ficará surpreendido com os resultados.

Como diz um senhor chamado Jonas Salk: 'já tive sonhos e já tive pesadelos, ultrapassei os pesadelos por causa dos meus sonhos'

Quando nos sentimos inspirados por um objetivo grandioso ou por um projeto extraordinário, todos os nossos pensamentos se expandem e ganham vida, a nossa mente transcende as limitações e as forças e as faculdades adormecidas despertam para a vida e vamos descobrir que nós mesmos somos pessoas muito melhores do que jamais pensáramos ser.

Lembre-se que a nossa mente é como qualquer outro músculo do nosso corpo, se não a exercitarmos com coisas boas e positivas ela vai perder o vigor, assim que aprendermos a operar a nossa mente de maneira eficaz, ela fará coisas maravilhosas, se a alimentarmos convenientemente ela atrairá tudo o que desejamos para a nossa vida.

A nossa mente inconsciente criará uma saúde ideal e um bem-estar natural, que mais não é do que um estado de serenidade e tranquilidade naturais, que a nossa mente conhece e que trará para si, se assim lhe sugerir e indicar.

Mas para libertarmos o poder da nossa mente, primeiro temos de ter a noção do grande poder que temos, para depois canalizarmos todas estas capacidades para uma tarefa, para um só objetivo e iremos ver como surgirão coisas extraordinárias na nossa vida.

Como alguém disse: 'o segredo da felicidade não é mais do que descobrir do que realmente gostamos de fazer e depois canalizarmos para isso toda a nossa energia'.

Quando descobrirmos qual é realmente a nosso objetivo de vida, nunca mais sentiremos que teremos de trabalhar na vida, pelo simples facto de que esse trabalho será para nós uma diversão e não uma fonte de desprazer.

Se queremos viver a vida em pleno, temos de ter cuidar muito bem e de dar muita atenção a todos os nossos pensamentos, da mesma maneira que por exemplo cuidamos e guardamos os nossos bens pessoais mais valiosos e preciosos.

Se nos esforçarmos por termos pensamentos positivos, as recompensas serão muitos maiores do que esperamos.

Como já ouvimos aqui, os pensamentos são coisas vivas, são pequenas massas de energia, a maior parte das pessoas não se importa com a qualidade dos seus pensamentos, no entanto a qualidade dos nossos pensamentos vão determinar a nossa qualidade de vida.

A partir de hoje faça com que os seus pensamentos façam parte do seu mundo material, tal como o automóvel que o transporta, tal como a rua que percorre.

Trate bem dos seus pensamentos, alimente bem os seus pensamentos e saiba que qualquer pessoa pode cultivar uma mente assim através de um treino diário, ou através de técnicas de hipnose, pode acreditar que a sua mente em grande forma pode fazer milagres por si.

AS IMAGENS DA NOSSA MENTE

Como ouvimos nas crónicas anteriores, as imagens que colocamos na nossa mente afetam a nossa autoimagem e a nossa autoimagem afeta a maneira como nos sentimos, como agimos e o que alcançamos.

Se a nossa autoimagem nos diz que somos demasiado jovens ou velhos para determinada situação nunca atingiremos esses objetivos.

Se a nossa autoimagem nos diz que somos demasiado jovens ou velhos para determinada situação nunca atingiremos esses objetivos.

Se a nossa autoimagem nos diz que uma vida cheia de objetivos e uma saúde perfeita, são só para pessoas de meios diferentes do nosso, esta nossa profecia acabará por tornar-se realidade.

Devemos pois passar alguns momentos todos os dias a treinar uma visão criativa de como desejamos ser, se possível com fotografias das coisas que queremos obter para termos uma imagem mais precisa e concreta para a nossa mente se concentrar melhor.

Se queremos ser um melhor pai ou uma melhor mãe, imaginemo-nos a rir e a brincar com os nossos filhos, se queremos ser um melhor marido, namorado, etc., vamos visualizar-nos a agir dessa forma, que mais não é do que agirmos duma maneira que nos dê satisfação.

Temos de ensaiar mentalmente esta nova forma de agir e de reagir.

Convém no entanto referir que uma imagem negativa na nossa mente pode ser uma semente venenosa que se vai espalhar, por isso temos de tomar muito cuidado com as imagens que temos e estamos a trazer a todo o instante para a nossa mente.

Não nos podemos permitir preocupar-nos com a opinião ou crítica dos outros, quando sabemos que estamos a tomar a atitude certa... quando sabemos que estamos a tomar a atitude que está de acordo com os nossos princípios, quando estamos a caminhar em direção ao nosso objetivo.

Nunca devemos ter vergonha de fazer a coisa certa, temos de decidir o que é bom para nós e assumir isso perante nós e perante os outros.

Quando temos um objetivo grandioso e forte não pode haver ventos nem marés que nos façam desviar do nosso propósito, nem mesmo a opinião de outras pessoas, que nos aconselham segundo os seus próprios valores e convicções e não dos nossos e muitas vezes com a ideia de nos protegerem, podem na verdade, privar-nos de atingirmos os nossos sonhos e objetivos.

Temos de ter isso sempre em conta, pois no caminho para os nossos objetivos temos de estar permanentemente concentrados para não sermos distraídos e desviados do nosso propósito, por outras pessoas ou acontecimentos externos a nós.

Uma forma concreta de definir objetivos e de avaliar a sua evolução em relação à sua concretização, é escrever esses objetivos e desejos num papel.

E porque será que o simples ato de escrever esses objetivos num papel de acordo com algumas regras que referi nas crónicas anteriores é tão importante para a nossa mente?

Está provado que durante um dia nós temos cerca de 60.000 pensamentos, ora ao escrevermos o nosso desejo e ou objetivo numa folha de papel vamos enviar um sinal à nossa mente inconsciente de que este pensamento é muito mais importantes do que os restantes 59.999.

A nossa mente vai começar então a procurar todas as oportunidades para cumprir o seu destino como uma espécie de íman que vai atrair para nós, as pessoas e os acontecimentos para essa realização.

Este é um processo verdadeiramente científico e fácil de por em prática, no entanto a maior parte das pessoas pura e simplesmente não o executa, na maioria das vezes por mero desconhecimento.

A maior parte das pessoas quer sentir-se melhor, quer ter mais energia, mais saúde, dinheiro, etc., mas quando lhes perguntamos exatamente em concreto o que querem elas não sabem responder.

É muito importante saber que só vamos mudar a nossa vida no instante em que determinamos e quantificarmos os nossos objetivos e começamos a caminhar no sentido deles.

Quando decidimos concentrar a nossa mente nos objetivos principais da nossa vida a nossa mente começa a filtrar o que é irrelevante e a concentrar-se apenas no que importa.

SONHOS E OBJETIVOS – II

Hoje vou continuar a falar dos nossos sonhos e objetivos.

Já sabemos que existem alguns métodos para dar mais força aos nossos sonhos ou objetivos.

Já vimos por exemplo que devemos utilizar imagens grandes e bem definidas, que devemos exercer pressão positiva sobre os nossos sonhos, etc.

E porque é que por exemplo a divulgação pública é importante?

Porque geralmente as pessoas alcançam grandes feitos quando estão entre a espada e a parede e o fato deste objetivo ser anunciado publicamente vai criar uma pressão positiva em nós mesmos para o alcançar, pois não vamos querer dar parte de fracos.

Muitas pessoas, mas pela razão inversa, ou seja, para se não comprometerem nem que seja com elas próprias, não estabelecem nem definem objetivos concretos, pois assim não vão ter de se confrontar, nem que seja com elas próprias, com o seu fracasso.

De uma coisa podemos estar certos, só vamos saber se alcançamos um determinado objetivo, quando o definimos e clarificamos, pois não é possível saber que já temos o que queremos, se nem sequer sabemos quanto é que na verdade queremos.

Há no entanto algumas condicionantes que nos podem impedir de concretizar estes nossos sonhos e objetivos, como ouvimos nas crónicas anteriores, sendo que as nossas crenças e aprendizagens são talvez o fator mais determinante para esta situação e por isso muitas vezes temos medo ou receio de avançar.

Saiba que esse medo é alimentado e torna-se mais forte cada vez que nos impedimos de fazer determinada coisa por causa desse medo.

O contrário acontece quando enfrentamos os nossos medos, ou seja, logo que enfrentamos os nossos medos eles vão se tornando cada vez mais fracos até que acabam por desaparecer.

Relativamente aos medos mais comuns, como por exemplo falar em público, pedir um aumento ao patrão, etc., nada destas situações são inerentemente dolorosas ou agradáveis.

O que torna estas situações dolorosas ou agradáveis é simplesmente a nossa maneira de pensar que é baseada nas crenças e aprendizagens que temos acerca dessa mesma situação.

Quando somos crianças podemos facilmente ser treinados para considerar um magnífico dia de sol como sendo um dia deprimente, etc., isto tão-somente porque ainda não temos nenhuma informação que nos condicione para pensarmos de forma diferente.

Por isso é que é mesmo muito importante toda a informação que os educadores nos transmitem quando crianças, pois nesta idade ainda não há oposição consciente a estas mesmas informações.

Estas informações vão ficar gravadas na mente inconsciente como verdades absolutas, ou seja, como a informação que vai servir de base à tomada de decisões e atitudes por parte desta criança pela vida fora.

Uma situação muito importante e que toda a gente deveria ter em conta, é que tudo o que pomos na nossa mente inconsciente é o que vamos receber dela. Ao determinarmos os pensamentos que vamos colocar ou aceitar que coloquem na nossa mente, estamos a determinar o que vamos receber dela.

CONTROLAR OS PENSAMENTOS

Na crónica de hoje algumas dicas para melhorar e controlar melhor os seus pensamentos.

Por exemplo antes de adormecer é conveniente que não veja o noticiário, que não discuta com ninguém, permita-se ler livros motivadores ou de assuntos que lhe deem prazer, deve relaxar ou mesmo meditar, deve ouvir uma música relaxante, ou fazer outra coisa que lhe dê prazer.

Porque é que esta situação é muito importante? Pelo simples facto de que se se permitir adormecer logo após estas atividades vai fazer com que a sua mente inconsciente durante a noite possa apreciar e valorizar estas experiências e não outras menos positivas.

Outro remédio muito importante e de que toda a gente pode dispor a qualquer hora e a qualquer dia é o riso, ria muito, ria de si, ria das situações, ria como sinal de satisfação.

Já imaginou quantas vezes uma criança de quatro anos, em média, ri por dia? Estima-se que ria aproximadamente 300 vezes.

Agora imagine quantas vezes um adulto ri por dia? Nem mais nem menos do que aproximadamente quinze vezes!

Acredite que rir é o melhor remédio para a alma e não só, pode acreditar que sim, mesmo que não tenhamos vontade vamos rir-nos, vamos colocar-nos em frente ao espelho e vamos rir-nos de nós mesmos.

Se quiser pode ainda aumentar este estado, basta estar relaxado e com os olhos fechados (estado de auto-hipnose) e imaginar-se em grandes e sonoras gargalhadas e sugestionar-se a si mesmo para fazer isto.

Como já ouvimos aqui, nós somos o que pensamos durante o dia inteiro, mas também aquilo que dizemos para nós mesmos, logo se tivermos conversas agradáveis com nós mesmos vamos sentir-nos melhores.

Quando dizemos em voz alta que estamos doentes, fracos, desanimados, etc., vamos ter mais dificuldade para superar estas situações, pois vamos sentir que estamos a agir contra o que estamos a dizer.

As palavras, que mais não são do que pensamentos em ação, afetam a nossa autoimagem e a nossa autoimagem vai determinar as ações que vamos fazer.

Devemos pois falar e agir como se o fracasso fosse uma coisa impossível de acontecer e teremos o êxito garantido.

Também as palavras sinceras de elogio ditas a quem menos as espera ou os gestos de carinho oferecidos aos amigos, vão criar uma maneira mais maravilhosa e com sentido para a nossa vida.

A Lei da Atração diz que tudo o que dermos vamos acabar por receber de volta a duplicar, quer sejam coisas boas como por exemplo amor, carinho, amizade, mas também coisas menos boas como por exemplo raiva, desrespeito, rancor, etc., tudo o que dermos vamos receber de volta.

Já reparou que quando gostamos de uma pessoa é porque essa pessoa também nos devolve carinho, amizade, etc.?

Não estaremos à espera de receber carinho e atenção de uma pessoa a quem maltratamos, ignoramos, ou de quem dissemos mal.

Acredite que quanto mais der, mais vai receber, agora depende de si, se estiver disposto a dar coisas boas, vai receber essas coisas boas de volta, se pelo contrário só estiver disposto a dar coisas más, vai receber essas coisas más para si.

Por fim, deixo esta dica: sabia que 'quase nunca nos conseguimos livrar da gentileza pois sempre a recebemos de volta'?.

PORQUÊ A HIPNOSE CLÍNICA

Na crónica de hoje vou explicar de forma simples e concreta em que medida a hipnose pode ser uma mais-valia para si.

Antes de mais, a hipnose clínica permite dotar qualquer pessoa, quer sofra de alguma doença ou não, de técnicas de motivação, que mais não são do que uma forma para enfrentar as situações menos boas do dia-a-dia.

Como ouvimos nas primeiras crónicas, a base de atuação da hipnose, ao contrário do que muitas pessoas poderão pensar, baseia-se essencialmente num relaxamento intenso.

Só por si, este estado de relaxamento sem que mais nenhuma sugestão fosse transmitida já seria extremamente benéfico para a saúde, como referi em crónicas anteriores, pois uma grande parte dos problemas atuais deve-se a uma carga de stresse acumulada que vai provocar bloqueios energéticos que mais tarde vão provocar as mais variadas doenças.

Por exemplo… dotar as pessoas de técnicas de relaxamento pode ser extremamente benéfico para ter um sono mais tranquilo.

Também no que respeita por exemplo ao desempenho desportivo, escolar, profissional, deixar de fumar, deixar de beber, alergias, etc., a hipnose clínica pode ser um meio muito eficaz.

Relativamente ao desempenho desportivo, quando se trate de desportista de competição poderá ainda ser útil programar este trabalho com o respetivo treinador, com vista a avaliar quais os pontos e situações a melhorar, quer no treino, quer na competição.

No desempenho desportivo o terapeuta irá incentivar uma atitude mental positiva no que respeita à sua performance.

Existem três áreas que poderão ser trabalhadas em hipnose clínica:
-1º: A pré-performance, que mais não são do que os rituais usados antes da performance e que poderão servir como âncoras para estabilizar o desportista no momento que desejar;
-2º: A performance, que é a fase em que o desportista se vai ver a executar a sua performance da forma que pretende, sentindo-se bem, concentrado e a dar o seu melhor, e
-3º: A pós-performance, que é a altura em que o desportista se vê a agradecer o aplauso do público, a receber a medalha, ou ainda a ouvir os elogios do treinador, os elogios da família, etc..

Trabalhando mentalmente estas áreas vamos predispor e dotar o desportista com uma nova motivação e concentração, quer física, quer mental, para atingir os seus objetivos, a começar pelo treino.

Relativamente ao desempenho escolar, terá de se avaliar numa primeira fase, qual a causa que estará na origem de um menor rendimento e em seguida aplicar diversas técnicas, nomeadamente aquelas que se julguem mais apropriadas para o caso em questão, como por exemplo técnicas que promovam a concentração durante as aulas, prazer em aprender, ganhos futuros, etc. .

ALGUNS TRATAMENTOS POR HIPNOSE CLÍNICA

Na crónica de hoje vou então continuar a falar sobre alguns fatores que podem influenciar o aparecimento e tratamento da asma.

A asma pode desenvolver-se por vários fatores, nomeadamente: fatores genéticos, ambiente demasiado higiénico, alimentação, fumar durante a gravidez, infeção viral, más condições no local de trabalho, entre outras.

Há no entanto também outros fatores que podem estar na origem da asma e influenciar negativamente no seu tratamento, como por exemplo as convicções.

É muito importante referir que as convicções que temos, que mais não são do que as crenças e aprendizagens que temos na nossa mente inconsciente, podem-nos predispor de forma inconsciente para reagirmos desajustadamente a uma crise de asma ou a outra alergia.

 Por exemplo a convicção enraizada de que se se esquecer de levar o seu inalador vai ter ataque de asma, ou a convicção que tem ao observar outros a entrar em pânico quando o vêm a si mesmo a ter um ataque de asma, ou ainda a perceção de ser uma pessoa frágil. Todas estas convicções podem condicionar uma resposta efetiva e positiva do organismo, pois mesmo antes do ataque de asma surgir já se está a sugestionar nessa situação.

Também a ansiedade pode aumentar a perceção dos sintomas da asma, levando ao seu exacerbamento, pois à medida que a ansiedade aumenta o paciente começa a focar a sua atenção nos sintomas que são ameaçadores.

Só por si, esta ansiedade vai acelerar o ritmo respiratório, assim como uma contração dos brônquios e uma inflamação da garganta e pulmões, aumentando os sintomas da asma.

Relativamente aos ataques de pânico, começo por referir alguns sintomas, como por exemplo respiração ofegante e com dificuldade, sensação de sufocação, palpitações de batimento cardíaco acelerado, desconforto ou dor no peito, sudação, tonturas etc..

No tratamento deste problema convém desde logo ter em conta que quando ocorre verifica-se no organismo da pessoa uma super ventilação que vai provocar uma queda dos níveis de dióxido de carbono no sangue e o aumento do nível de oxigénio, que por sua vez vai provocar os sintomas atrás referidos.

Convém desde logo parar esta hiperventilação, começando desde logo por respirar sempre pelo nariz e fazer este exercício:
-1º: Inspirar pelo nariz e reter o ar durante 10 segundos, sem ser respiração profunda;
-2º: Expirar pelo nariz;
-3º Inspire pelo nariz durante 3 segundos e em seguida expire pelo nariz durante mais 3 segundos, repita esta inspiração e expiração curta durante um minuto, por fim inspire pelo nariz e retenha o ar durante 10 segundos e expire pelo nariz.

O tratamento pela hipnose clínica de ataques de pânico será tanto mais eficaz quanto mais corretamente se identificar a causa que lhe deu origem, esta causa terá de ser analisada entre terapeuta e paciente, sendo que a abordagem terapêutica será direcionada de acordo com a causa que seja identificada.

As causas de ataques de pânico podem ser muito variadas e poderão ser resultado, entre outras coisas, de stress acumulado, de algum acontecimento traumático que ainda não tenha sido compreendido e ultrapassado, etc..

LEI DA ATRAÇÃO

Quero que saiba que quando nos sentimos infelizes e insatisfeitos sobre os nossos desejos não cumpridos ou realizados, quando por exemplo desejamos mais dinheiro, mas sentimos que cada vez temos menos, quando não estamos satisfeitos com a nossa situação profissional e não vemos saída, ou quando não temos a relação amorosa com que sempre sonhamos, acredite que estamos a viver no mundo real e a viver do modo que a maioria das pessoas vive.

Mas o que é mais importante saber é que é possível mudar esta situação, não lhe vou dizer que vai ser já hoje mesmo ou amanhã, mas acredite que pode ter tudo o que sempre quis ou desejou, apenas lhe digo que isto é um processo gradual e que vai ficar tanto mais forte e consistente quando mais o treinar e mais atenção lhe der.

Se começar por fazer uma análise mais cuidada, se calhar vai verificar que muitos destes pensamentos já o acompanham há longo tempo, por isso o mais importante nesta caminhada será o ser persistente e acreditar sempre.

Já ouvimos aqui, que pela Lei da Atracão, não há nada que nós não possamos ser, fazer, ou ter, ou seja, nós vamos atrair para nós tudo aquilo para o qual dermos atenção, quer sejam coisas positivas quer sejam coisas menos positivas.

Certamente estará o ouvinte a pensar agora, pois então diga-me lá porque é que eu quero ter tantas coisas boas e tão poucas coisas boas consigo ter?

Vamos esclarecer alguns pontos: nós não temos aquilo que queremos não é porque não queiramos o bastante, não é porque não sejamos suficientemente inteligentes, não é porque não o mereçamos suficiente, não é porque o destino está contra nós, etc., não, não é por causa disso.

Vou então começar a explicar algumas razões:

Como já ouvimos aqui, quer os nossos pensamentos, quer o nosso corpo físico, quer mesmo as nossas sensações, tudo isto não é mais do que energia que vibra e circula, quer em nós mesmos, quer à nossa volta.

Ora também ouvimos que uma determinada qualidade de vibração de energia vai atrair mais energia dessa mesma qualidade ou vibração para a nossa experiência, por isso, em termos gerais poderemos pois dizer que a razão pela qual ainda não atingimos os nossos desejos e objetivos é porque estamos a emitir energia que não combina com a mesma vibração dos nossos desejos e objetivos.

Como é que sabemos se estamos emitir a vibração energética correta e que nos vai levar à concretização dos nossos sonhos e objetivos?

Uma das formas de saber isto é avaliar como nos sentimos quando temos estes pensamentos, quando nos imaginemos na posse do nosso objetivo.

Se por exemplo sentimos alívio e bem-estar é sinal de que estamos na vibração correta de não resistência, mas se nos sentimos mais tensos e frustrados e mal dispostos é sinal de que estamos a emitir vibração negativa em relação ao nosso desejo ou objetivo.

Como ouvimos em crónicas anteriores… pode acreditar que muitas pessoas lutam por objetivos e sonhos, mas na realidade não se 'veem' a realizar e a concretizar esses sonhos, pelas razões que apontamos em crónicas anteriores, como por exemplo devido às nossas aprendizagens, às nossas crenças, às nossas vivências, etc., pois tudo isto vai funcionar como autossabotagem na concretização dos nossos objetivos.

E como ouvimos na crónica de hoje e vamos ouvir mais nas seguintes, nós temos sempre a possibilidade de saber se estamos ou não no estado de permitir a concretização dos nossos sonhos e objetivos pela forma como nos sentimos.

QUALIDADE DE PENSAMENTOS/QUALIDADE DE VIDA

É da máxima importância ter sempre em conta que a qualidade ou não dos nossos pensamentos é o que vai determinar, numa primeira fase, a nossa qualidade de vida, ou a sua ausência.

Temos no entanto boas notícias para si no que toca à qualidade dos nossos pensamentos.

Todos nós temos a capacidade para alterarmos e modificarmos os nossos pensamentos e de uma maneira muito simples e fácil de entender, temos de tão-só de passar a dar atenção aos pensamentos que temos, ou por outras palavras, temos de passar a 'treinar' melhor os nossos pensamentos de forma que, à semelhança por exemplo do treino físico, possamos ter pensamentos fortes e saudáveis de acordo com as nossas necessidades.

Dirá o ouvinte '- pois isso é muito bonito de se dizer, mas porque é que eu não me consigo livrar de determinados pensamentos que sempre me ocorrem e dos quais não me consigo livrar?'

Claro que pode haver várias razões específicas e que identifique facilmente, no entanto se fizer uma avaliação mais geral certamente vai compreender que esses pensamentos se tornaram muito fortes, quer seja pelo tempo que estiveram na sua mente, quer seja pelo impacto emocional que lhes deu origem e que por isso será necessário mais tempo e persistência para os substituir.

Não vou dizer que é fácil mudar um pensamento, até pelas razões atrás referidas e também porque alguns pensamentos menos positivos já foram muito treinados, já estiveram muito tempo a ser exercitados no 'ginásio da nossa mente' e foram lá colocados pelas pessoas que mais admiramos, como os nossos pais e educadores e por isso estão fortes e consistentes e agora vai ser preciso adotar outro treino, ter outro acompanhamento, vão ser precisos outros exercícios mentais de treino para que esses pensamentos fiquem menos fortes e para que outros mais positivos possam ocupar o lugar destes.

É importante perceber que quando temos a noção que temos de ter um novo pensamento acerca de determinada situação, este novo pensamento precisa de ser alimentado e treinado consistentemente, pois ainda não está forte o suficiente para se sobrepor ao anterior pensamento, por isso é que é necessário persistência e treino mental, que por vezes não é fácil de conseguir porque estamos a 'lutar' contra pensamentos fortes e consistentes que já temos na nossa mente inconsciente.

É nesta situação que as técnicas de hipnose clínica o podem ajudar a ganhar muito tempo, poderemos comparar pois a hipnose clínica a um ginásio de musculação tradicional, só que em hipnose clínica, este ginásio será um ginásio de treino mental.

Um ginásio tradicional não é mais do que um lugar onde poderemos direcionar o treino para o fortalecimento de um músculo específico, com o acompanhamento de um profissional qualificado, que nos vai guiar e indicar o melhor caminho para atingir o nosso objetivo.

Claro que, à semelhança do treino físico que pode também ser feito em casa ou na rua com os amigos etc., também o treino mental dos nossos pensamentos pode ser feito por nós mesmos em nossas casas, no entanto a hipnose clínica vai funcionar como o nosso ginásio mental, pois com a ajuda de um profissional, que mais não vai ser do que um guia, ou um facilitador de todo o processo, vai permitir direcionar o 'treino mental' só para determinados pensamentos e sensações, no sentido destes novos virem a ocupar o lugar desses.

Isto é possível de uma forma natural e agradável, pois estas sugestões, que vão de encontro àquilo que pretendemos, são dadas no estado de hipnose, que mais não é do que um estado em que a mente inconsciente prevalece em relação á mente consciente, fazendo com que esta informação seja a base do novo pensamento que se pretende.

FOCO POSITIVO OU NEGATIVO?

Como ouvimos nas crónicas anteriores, tudo em que nos focamos vamos atrair para a nossa experiência física.

No entanto, na maior parte das vezes pensamos nós que nos estamos a focar em coisas positivas, no entanto estamos sim, mas a focar-nos na ausência dessas mesmas coisas, e o resultado como é fácil de prever, é que vamos ter mais daquilo em que nos estamos a focar, ou seja ausência ou falta do que na verdade queremos.

É importante saber que o nosso estado natural seria o estado de permissão, se nada nos condicionasse, nomeadamente através de todas as nossas crenças e aprendizagens que temos na nossa mente inconsciente.

Neste estado natural de permissão tudo o que é bom para nós fluiria de forma natural.

Existe apenas um fluxo de energia, que é um fluxo de bem-estar a fluir, no entanto podemos permitir ou resistir a ele, mas ele flui de qualquer forma.

Há pois muito bem-estar ao nosso redor pronto a ser recolhido, só precisamos de estar alinhados vibracionalmente com essa energia, ou seja, só precisamos de estar no estado de permissão, ou no estado neutro ou natural como acabei de referir, para que todo esse fluxo de bem-estar venha até nós.

As nossa emoções são as ferramentas mais importantes para sabermos se estamos no estado de permissão, ou no estado de não permissão ou ausência dos nossos desejos.

Prestando atenção aos sinais da nossa emoção nós vamos entender com precisão se estamos no estado de permitir ou no estado de não permissão, ou mesmo se estamos no estado de ausência do que queremos.

Quando nos focalizamos no nosso objetivo e nos sentimos desconfortáveis, é sinal que não estamos alinhados vibracionalmente com o nosso desejo, ou então estamos alinhados, mas com a ausência do nosso desejo... logo vamos ter mais daquilo que estamos focados, que mais não é do que mais ausência daquilo que queremos.

A chave para trazer para a nossa experiência algo que desejamos, é praticarmos a harmonia vibracional com o que desejamos.

A maneira mais fácil de praticar a harmonia vibracional com o que desejamos é imaginarmo-nos já na posse do que desejamos, pois nesta situação vamos ter sentimentos positivos e de prazer que ficam alinhados com o nosso desejo.

Poderemos pois concluir que a nossa vibração precisa de se equiparar com a vibração do nosso desejo, pois só dessa forma estamos a permitir a realização do nosso desejo.

Não podemos desejar algo e focar-nos predominantemente na ausência desse algo, pois a frequência vibracional da ausência e frequência vibracional da presença são frequências diferentes.

Quero que saiba que o nosso mundo presente e futuro é diretamente afetado pelo sinal que nós estamos a transmitir agora, pela vibração que estamos a emitir.

A personalidade que nós temos hoje, foi o resultado dos pensamentos que tivemos e do alinhamento vibracional que tivemos até aqui e todo este alinhamento vibracional provocou um foco de energia muito poderoso.

Os nossos sentimentos são os nossas sistemas de orientação, a maneira como nos sentimos é o nosso verdadeiro indicador do nosso alinhamento com o nosso pensamento.

VIBRAÇÃO ENERGÉTICA

Cada pensamento que um dia pensamos, ainda continua a existir na nossa mente inconsciente e todas as vezes que nos focarmos nesse pensamento vamos ativar uma vibração energética desse mesmo pensamento.

Quando alguém olha para nós, essa pessoa vê-nos com os seus olhos e ouve-nos com os seus ouvidos, mas também nos está a 'ver' e a 'escutar' na forma de vibração energética, também está a sentir a energia que está a ser emitida por nós.

Enquanto estivermos no nosso corpo físico vamos estar constantemente a emitir sinais bem específicos, sob a forma de energia muito subtil, e vamos com esta energia afetar tudo e todos à nossa volta, e as nossas circunstâncias presentes e futuras vão começar a estar em sintonia e a harmonizar-se com esta nossa energia.

Podemos pois concluir que todo o Universo e tudo à nossa volta é afetado a todo o instante pelo que nós e toda gente está a emitir em forma de energia, a cada momento.

O nosso mundo presente e futuro é pois diretamente afetado pelo sinal energético que estamos a emitir neste preciso momento, a personalidade que nós somos neste momento e o que estamos a pensar e a focar-nos neste preciso momento está a criar o nosso mundo e o mundo conforme o percecionamos.

Os nossos sentimentos e as nossas boas ou menos boas sensações, são os nossos indicadores do nosso bom ou menos bom sistema de orientação, ou seja a maneira como nos sentimos é o nosso verdadeiro indicador para sabermos se o nosso pensamento está em alinhamento com as nossas próprias intenções.

Cada pensamento para o qual damos a nossa atenção vai-se expandir, quer seja um pensamento de alguma coisa que queiramos, ou de alguma coisa que não queiramos.

Com a nossa atenção vamos convidar isso a entrar na nossa experiência, quer seja o que queremos, quer seja o que não queremos.

Assim quando vemos alguma coisa que gostaríamos de ter e focamos a nossa atenção àquela coisa, nós estamos a incluir isso na nossa experiência.

Mas é importante saber que também quando vemos alguma coisa de que não gostamos de experimentar e nos focamos nela, também chamamos essa coisa ou situação para a nossa experiência.

Nós não chamamos nada para a nossa experiência com o nosso 'sim' ou com o nosso 'não', pois não há exclusões neste Universo baseado na Lei da Atração.

O nosso foco e a nossa atenção são sempre um convite para essa coisa vir para a nossa experiência, no entanto este nosso convite funciona quer para a presença dessa coisa, quer para a sua ausência.

Podemos pois concluir que aqueles que são bastante observadores prosperam em tempos bons, mas sofrem em tempos de crise porque estão focados no que estão a observar.

Portanto para um bom observador quanto mais ele observa mais ele vai obter, de bom ou menos bom.

Acontece que, nos tempos que correm ser bom observador talvez não vá dar grandes resultados, pois irá ver e ouvir predominantemente, se calhar mais do que não quer, do que aquilo que quer.

Há no entanto uma forma de lidar com esta situação, que é não se focar demasiado nos assuntos menos bons do seu dia-a-dia e praticar a visualização criativa, que mais não é do que imaginar mentalmente as situações que pretende.

Saiba no entanto que quando mais praticar a visualização criativa e se possível com coisa concretas, como fotografias, etc., vai criar esse foco e vai-se alinhar vibracionalmente com essas coisas que quer e a sua mente vai aceitar essas sugestões como reais e vai atrair para si e para a sua existência essas coisas.

EMOÇÕES SÃO INDICADORES

Os nossos sentidos são todos diferentes, mas mesmo sendo diferentes, todos eles emitem vibrações que nos dão preciosas indicações sobre a qualidade ou não dos nossos pensamentos.

As emoções que sentimos são os indicadores mais importantes que temos para avaliar qual o tipo de conteúdo em que nos estamos a focar ou que estamos a experienciar num determinado momento.

As nossas emoções são a forma mais segura e fiável de sabermos exatamente se nos estamos a mover de acordo com o nosso sentido de vida e realização pessoal ou se pelo contrário nos estamos a afastar.

Por exemplo, muitas doenças podem aparecer quando temos constantemente na nossa mente pensamentos que não são a nossa verdadeira essência, nesta altura sentimos desarmonia no nosso corpo físico, podemos sentir depressão, sentimentos de medo, de dependência, etc..

É importante saber que atraímos para nós uma coisa ou situação, não só quando focamos o nosso pensamento nisso, mas também quando escrevemos, quando escutamos, quando nos lembramos, quando imaginamos, quando visualizamos, etc..

É no entanto muito importante perceber que cada coisa que desejamos está ligada ao que nós NÃO desejamos, ou seja à falta disso.

Mesmo quando acreditamos que estamos a pensar sobre algo que desejamos, muitas das vezes estamos na verdade a pensar exatamente o contrário.

Dou alguns exemplos, do que acabei de dizer… quando dizemos e nos focamos por exemplo em: '- quero estar bem', '- não quero estar doente', '- quero ter dinheiro', '- quero viver uma relação perfeita'..

Estaremos a emitir vibração de ausência ou de presença dessas coisas na nossa vida?

Uma forma de sabermos se estamos em estado de permissão ou não é avaliarmos como nos sentimos quando temos estes pensamentos.

Se fizermos uma análise poderemos verificar que com estes pensamentos poderemos no futuro não vir a ter boas sensações e porque será?

Fazendo uma análise mais cuidada das afirmações que atrás referi vamos ver: '- quero estar bem', está a emitir uma vibração de que se irá sentir bem, mas se quer sentir-se bem, é porque neste momento não está, logo enquanto referir que 'quer ter' é porque 'não tem' e vai ter para si mais disso, mais desse mal-estar;

No segundo exemplo: '- não quero estar doente', está a emitir um desejo sobre o que não quer, no entanto a Lei da Atracão nunca lhe poderá dar o que não quer, logo não irá ficar de boa saúde;

No terceiro exemplo: '- quero ter dinheiro', está a focar-se na falta do dinheiro, pois se constantemente quiser ter dinheiro é porque na verdade ainda o não tem;

Cada declaração de necessidade reforça a nossa situação de insatisfação o que faz com que nos mantenhamos desalinhados vibracionalmente em relação ao novo desejo.

Temos de nos obrigar a pensar, a visualizar, ou simplesmente a imaginar, que já estamos na posse do que queremos e nesta altura sim, estamos a emitir vibração positiva, se pelo contrário nos focamos na necessidade dessa coisa, estamos a emitir vibração negativa de falta dessa coisa.

COMO SABER SE ESTAMOS EM HARMONIA COM O NOSSO DESEJO

Quando estamos conscientes da forma como nos sentimos, somos capazes de conseguir aquilo que realmente pretendemos, pois nesta situação vamos saber sempre se estamos no estado de permissão, ou no estado de rejeição daquilo que efetivamente queremos.

Podemos pois saber pela forma como nos sentimos a qualquer altura, se estamos em harmonia com o nosso desejo, ou se pelo contrário estamos em harmonia com a sua ausência.

Claro que não é fácil, pura e simplesmente eliminar pensamentos menos bons que nos trazem sensações menos positivas, há no entanto uma forma de alterar e corrigir estes pensamentos a pouco e pouco, reorientando-os, para que esses novos pensamentos não nos tragam tanto desconforto.

Se por exemplo quer uma determinada coisa e quando pensa nela sente desconforto, deve orientar o foco do seu pensamento para um pensamento que não lhe cause tanto desconforto.

Por exemplo quando quer conseguir uma determinada coisa, em vez de pensar que vai ser muito difícil conseguir isso, porque não pensar por exemplo 'já houve pessoas que conseguiram o que eu quero e por isso pode até demorar mais tempo, mas mais tarde ou mais cedo, eu vou conseguir o que quero'.

Vai ver que com este novo pensamento já se vai sentir melhor.

No fim de orientar o novo pensamento no exemplo que atrás citei, faça uma avaliação de como se sente em relação a este novo pensamento e se achar que ainda se sente desconfortável, altere quantas vezes quiser e vá avaliando qual o pensamento que o faz sentir melhores sensações e saberá nessa altura que está alinhado vibracionalmente e de forma positiva e de permissão para a obtenção desse desejo.

Todos os pensamentos em que nos focamos, a lei da atração vai-nos responder de imediato e vai atrair para nós outros pensamentos similares que estejam vibracionalmente em harmonia com esse primeiro pensamento, tornando este processo de atração cada vez mais forte e consistente.

Poderemos pois dizer que iremos para um ciclo vicioso positivo sempre que ativarmos um pensamento positivo na nossa mente, pois outros pensamentos similares vão ser atraídos para nós, para que mais facilmente seja concretizado o nosso objetivo.

À semelhança do ciclo vicioso de pensamentos positivos que ativamos, sempre que nos focamos num pensamento positivo, também em relação aos pensamentos negativos, a lei da atração funciona da mesma forma, ou seja, sempre que nos focamos em pensamentos negativos vamos atrair outros pensamentos similares.

É pois extremamente importante vigiar permanentemente os nossos pensamentos, ou como alguém disse: '- não nos podemos dar ao luxo de ter um único pensamento negativo na nossa mente, pois se não for controlado pode se tornar numa erva daninha que vai contaminar todos os outros'.

Já reparou que quando está focado em determinada situação até parece que vê mais dessas coisas do que anteriormente, isto verifica-se porque a sua atenção focada ativou uma vibração dominante e as coisas, quer sejam desejadas quer sejam não desejadas, começarão a acontecer e a aparecer fisicamente no seu caminho.

Para a próxima crónica vou começar por falar em crenças, o que é uma crença e como ela surge na nossa mente.

RELAÇÃO PENSAR/SENTIR

Na crónica anterior ficou no ar o que é uma crença, ora uma crença mais não é do que o foco continuado num determinado pensamento.

Ou seja, sempre que nos focamos continuamente num determinado assunto ou situação estamos a emitir uma vibração em relação a essa coisa ou situação.

Cada vez que nos focamos nisso, a nossa vibração torna-se mais fácil e mais forte, pelo que de cada vez que nos focamos fica cada vez mais fácil ativar essa mesma vibração, desenvolvendo até um tipo de propensão vibratória em relação a essa situação.

Quando começarmos a entender a relação entre o que estamos a pensar, o que estamos a sentir e o que estamos a receber, nós vamos estar prontos e preparados para receber o melhor a cada dia que passa.

A maioria das pessoas acredita que não tem controlo sobre as suas crenças, observam as coisas a acontecerem ao seu redor e apenas avaliam se são boas ou más, mas normalmente sentem que não têm nenhum tipo de controlo sobre essas crenças.

Com a atenção que damos sistematicamente a uma coisa ou situação, quer seja ela boa ou menos boa, vamos convidar essa coisa para a nossa experiência física, ou seja, na nossa mente fica a certeza de atingir essa coisa, como uma verdade que se irá concretizar fisicamente.

Por exemplo imagine que quando éramos crianças os nossos pais tinham dificuldades financeiras, então a necessidade de dinheiro e a impossibilidade de comprarmos determinadas coisas que eram desejadas, eram regulamente discutidas em nossa casa carregadas com emoções negativas de preocupação, de medo, etc..

Acontece que por causa de anos de exposição a estes pensamentos de necessidade, de preocupação e de medo, o nosso hábito mental a respeito do dinheiro, ou seja, as nossas emoções a respeito do dinheiro e sucesso financeiro tornaram-se de baixa expetativa.

Nesta situação é normal que quando pensemos em ter boa condição financeira, a nossa emoção mais normal e natural será a de sentirmos as emoções negativas associadas de preocupação, de medo, etc., sendo que estas emoções, são emoções negativas no que diz respeito ao estado de permissão.

Todas estas nossas reações enquanto adultos, estão relacionadas com os ensinamentos que nos foram passados durante vários anos pelos nossos educadores.

Por exemplo quando é referido como inevitável sofrer das mesma doença dos nossos pais, estamos desde logo a criar uma emoção de medo e de preocupação, que à semelhança do exemplo anterior são emoções negativas que vão levar ao estado de não permissão, ou seja, não nos estamos a permitir ter boa saúde, estamos na verdade a permitirmo-nos ter essa doença.

Acredite que mesmo quando nos sentimos em perfeita saúde, logo que uma preocupação sobre a nossa vulnerabilidade física se instale na nossa mente e não seja combatida, com o tempo vamos adquirir uma emoção de vulnerabilidade física que por sua vez irá atrair e predispor o nosso organismo para essa situação.

Quero que saiba, que da mesma forma que as suas emoções podem mudar de sensações boas e agradáveis para sensações más, o contrário também é possível, ou seja, também pode mudar de sensações más para sensações boas, alterando simplesmente a atenção que está a dar para um fato ou acontecimento agradável e positivo.

Quando as suas emoções são fortes, quer elas sejam boas ou más, o seu desejo é forte, quando as suas emoções são fracas, o seu desejo é fraco.

A IMPORTÂNCIA DAS NOSSAS SENSAÇÕES

Conforme ouvimos nas crónicas anteriores as nossas emoções são as nossas mais preciosas aliadas para sabermos a qualidade ou não dos nossos pensamentos, por isso há que tratar bem as nossas emoções e dar-lhes toda a atenção que elas merecem.

O estarmos tristes ou alegres com determinada situação, pensamento ou acontecimento, são um precioso indicador do nosso estado de permissão ou rejeição e ainda do quão bom ou menos bom essa coisa pode ser para nós.

Poderemos pois comparar as indicações que nos são dadas pelas nossas emoções, com o marcador de combustível do nosso automóvel, que nos indica quando temos o depósito vazio e temos de nos deslocar à bomba para reabastecer.

Ou seja, à semelhança do marcador de combustível do nosso carro que quando nos indica que estamos com falta de combustível e de seguida nos vamos dirigir à bomba mais próxima para reabastecermos, também no que respeita às nossas emoções, quando elas nos dão indicações de mal-estar, devemos alterar ou orientar desde logo os nossos pensamentos para algo mais positivo.

As nossas emoções não criam nem atraem nada para a nossa experiência física, no entanto as nossas emoções indicam-nos que tipo de coisas estamos a atrair para a nossa existência.

Como ouvimos em crónicas anteriores, nós temos sempre o poder de quando não gostamos de determinada coisa, imaginá-la como gostaríamos que ela fosse, e o mais surpreendente é que o efeito é o mesmo... ou seja, em termos mentais o facto de estar a imaginar na sua mente uma coisa ou situação como realmente gosta ou vê-la a realizar-se à sua frente, o efeito mental em nós é exatamente o mesmo.

Como dizia alguém muito sabedor destas coisas, Albert Einstein: 'a imaginação é mais importante do que o conhecimento'.

Com a prática vai ver que não vai ser difícil mudar um determinado pensamento, principalmente quando entender que pode mudar pouco a pouco, certamente não irá mudar num dia ou dois, de uma emoção de desespero e raiva, para uma emoção de alegria e contentamento, mas pode progressivamente evoluir por exemplo para uma emoção de dúvida, seguidamente para uma emoção de esperança e mais tarde, se calhar para expetativas positivas e por fim, para a alegria e contentamento.

Quando desejamos algo mas não acreditamos ser possível alcança-lo é sinal que nós não estamos alinhados com o nosso desejo.

Quando vemos alguém com aquilo que queremos ter e nos sentimos mal ou sentimos inveja dessa pessoa, nós também não estamos alinhados com o nosso desejo.

Por fim, um resumo da crónica de hoje, poderia ser feito na seguinte pergunta: '- como me posso trazer para o alinhamento vibracional positivo que a minha experiência produz neste momento?'

A resposta é simples: preste atenção à maneira como se sente e deliberadamente escolha os pensamentos que o fazem sentir-se bem quando pensa neles.

É durante o tempo entre a emissão e a manifestação física de um pensamento que deve perceber quais são as emoções que esse pensamento o faz sentir e nesta altura deve ajustá-lo para alcançar um sentimento melhor e então numa atitude de expetativa absoluta deve alegrar-se gentilmente com o que idealizou com esse seu desejo.

TÉCNICA: CÉLULAS, SENSAÇÕES E DOENÇAS-PARTE I

Conforme já aqui referi, as técnicas de hipnose clínica mais não são do que sugestões de bem-estar, só que estas sugestões são transmitidas à pessoa num estado de relaxamento profundo e com os olhos fechados.

Acredite que estar profundamente relaxado e receber sugestões de bem-estar é muito agradável, mesmo muito agradável, mas além de ser agradável também são muito benéficas para a sua saúde.

Na maioria das vezes as sugestões que são transmitidas pelo hipnoterapeuta são transmitidas sob a forma de metáforas, que mais não são do que histórias que têm muitos pontos em comum com o problema do paciente.

Na crónica de hoje e nas seguintes, vou aqui mencionar uma técnica que tem como base o que tenho dito nas últimas crónicas, nomeadamente de que forma as nossas sensações podem ser os nossos mais preciosos aliados para sabermos se nos estamos a permitir receber o melhor, ou se pelo contrário, estamos sim mas no estado de não nos permitirmos receber o que é melhor para nós.

As sugestões transmitidas em hipnose não pretendem ser de forma alguma uma descrição técnica de como se formam e desenvolvem as doenças, são tão-somente metáforas para ajudarem o paciente a fazer uma ligação indireta com o seu problema e poder retirar daí ensinamentos e aprendizagens para que possa tomar o controlo da sua situação.

Numa sessão de hipnose estas sugestões serão transmitidas numa entoação e volume de voz mais suave para facilitar o relaxamento do paciente (por isso separei o texto com "…" para simbolizar um tom mais monótono e com pausas).

Começa assim então:

«*Todos os dias... a todas as horas... a todos os minutos... e a cada segundo... dentro do nosso corpo... dentro do nosso organismo... existe muita matéria viva... e esta matéria viva é constituída... nomeadamente por células... muitos triliões de células... que constituem os tecidos do nosso organismo e que atuam a cada segundo que passa no nosso corpo...*

As nossas células... também são as responsáveis por executarem todas as ordens que recebem da nossa mente inconsciente...

Se recebem ordens para reagirem de uma determinada forma a uma doença... elas vão reagir dessa forma... se recebem ordens para reagirem de determinada forma a um acontecimento... elas vão reagir dessa forma a esse acontecimento...

É pois muito importante tratar bem das nossas células... para que elas possam estar fortes e a atuar conforme os nossos interesses atuais...

O que eu quero que saiba é que as nossas células atuam sempre... mas mesmo sempre... de acordo com as ordens que recebem da nossa mente inconsciente... ou seja... nós só poderíamos reagir como reagimos... pois estamos a reagir de acordo com uma informação específica que está na nossa mente inconsciente...

São as nossas células que executam no nosso organismo as ordens que recebem da nossa mente inconsciente.»

TÉCNICA: CÉLULAS, SENSAÇÕES E DOENÇAS-
PARTE II

E hoje vou continuar com a crónica anterior, que mais não é do que a continuação de uma metáfora ou técnica de hipnose:

«As nossas sensações... as nossas emoções... as nossas reações... são sentidas pelo nosso corpo... porque as nossas células estão a executar uma tarefa que lhes foi ordenada... pela nossa mente inconsciente...

Cada vez que emitimos um pensamento... cada vez que falamos num determinado assunto... estamos a convidar isso para a nossa experiência...

Por isso... cada vez que emitimos um determinado pensamento... cada vez que dizemos ou fazemos determinada coisa... vamos ter determinadas sensações físicas ou emocionais... e estas sensações... quer elas sejam boas ou más... são executadas pelas nossas células no nosso organismo através das sensações que temos...

É pois muito importante que tratemos bem as células do nosso organismo... pois precisamos que elas estejam... fortes... saudáveis... para nos transmitirem boas sensações... e para combaterem as doenças e os desconfortos... que outros inimigos... como as bactérias lhes podem causar...

É muito importante saber que... se nada fizermos ou ordenarmos às nossas células de forma consciente... elas vão atuar de acordo com todas as informações e ensinamentos que temos guardados na nossa mente inconsciente...

No entanto muitas vezes a informação e os ensinamentos que temos guardados na nossa mente inconsciente... não é o melhor... e por isso as nossas células não atuam da forma mais conveniente para nós...

Por exemplo se sempre nos foi passada a informação... que iríamos sofrer de determinada doença... ou que deveríamos reagir de determinada forma a um acontecimento... no futuro e porque já temos esta reação muito forte e treinada na nossa mente inconsciente... as nossas células vão atuar dessa mesma forma... pois foi essa a ordem que receberam da nossa mente inconsciente...

Quando... pensamos... falamos... ou fazemos... determinada coisa e não nos sentimos bem... isto é o resultado da ordem que a nossa mente inconsciente deu para as nossas células atuarem no nosso organismo...

Isto quer dizer que... se o que estamos a pensar... a falar... ou a fazer... não estiver em harmonia com o que é melhor para nós... se nos estivermos a focar na ausência disso mesmo ...ou ainda... se estivermos no estado de não nos permitirmos receber isso... vamos ter sensações de desconforto e mal-estar...

O que eu quero que saiba é que a forma como nos sentimos... quando pensamos ou fazemos alguma coisa... é o indicador mais importante para sabermos se essa coisa é boa ou menos boa para nós...

Se nos sentimos bem... essa coisa é boa para nós... se não nos sentimos bem... essa coisa não é boa para nós...

Imaginemo-nos que por exemplo que queremos ter mais dinheiro... mais saúde... melhores relacionamentos, etc.... e quando nos focamos nesses pensamentos... sentimos más sensações... isso *quer dizer que provavelmente nos estamos a focar... se calhar... mais na ausência disso... do que propriamente na sua posse...*

Nestas situações as nossas sensações poderão ser de... desespero... de medo... de angústia... de receio, etc.... logo vão ser estas sensações que as nossas células vão executar no nosso organismo.»

PENSAMENTOS/SENSAÇÕES

É muito fácil mudar um pensamento acerca de um determinado assunto, basta só que vamos adaptando o novo pensamento para um pensamento melhor, que mais não é do que um que não nos cause tanto desconforto e isso é tão fácil como nos forçarmos a ter um novo pensamento ou imaginarmos outra situação e avaliarmos depois como nos sentimos e adotar aquele com que nos sintamos melhor.

Certamente não será possível mudar uma sensação de desespero e de medo, para uma sensação de euforia e de alegria de imediato, mas podemos ir mudando pouco a pouco para uma sensação mais agradável.

Por exemplo, se quando pensamos naquelas situações que referi na crónica anterior, temos uma sensação de desespero e de medo, temos de obrigar-se a ter pensamentos que aliviem essa sensação e pensar por exemplo: '- já houve pessoas em situação parecida com a minha e conseguiram ultrapassá-la, eu também posso conseguir, demore o tempo que demorar'.

Se calhar depois de termos este pensamento, vamos avaliar como nos sentimos e talvez agora já tenhamos uma sensação melhor... talvez em vez de desespero, agora já tenhamos uma sensação, se calhar agora, de esperança.

Logo que tenhamos atingido uma sensação melhor que não nos cause tanto desconforto, podemos sempre tentar ter novos pensamentos para avaliarmos se nos trazem melhores sensações e se assim for vamos treinar estes novos pensamentos, caso contrário vamos forçar-nos a ter os pensamentos que nos dão melhores sensações.

Quero que saiba que é muito fácil fortalecermos os nossos pensamentos, é tão-somente necessário treiná-los como se de um músculo se tratasse.

Existem muitas técnicas de hipnose que o poderão ajudar ou até mesmo um simples relaxamento e meditação podem ser muito úteis nesta situação.

É muito importante vigiar todos os nossos pensamentos, pois conforme aqui já disse, não nos podemos dar ao luxo de termos um único pensamento negativo na nossa mente, pois pode tornar-se uma erva daninha que pode contaminar todos os outros.

Também quando dizemos em voz alta que nos sentimos menos bem em relação a qualquer situação, vai ser essa a informação que as nossas células vão receber e vão pois atuar para que nos sintamos dessa maneira.

Não podemos pois dizer ou pensar repetidamente que estamos mal e esperar que as nossas células nos deem sensações de bem-estar.

Em vez de dizermos ou pensarmos constantemente que estamos mal, poderemos à semelhança do exemplo anterior, ir alterando os nossos pensamento e adotar aquele que nos trouxer melhor sensação.

O que eu quero que saiba é que podemos sempre que quisermos dar novas ordens às nossas células, podemos sempre que quisermos criar novos programas automáticos de comportamento para as nossas células executarem no nosso organismo.

Vou aqui dar aqui alguns exemplos:
- Quando tem uma doença, um desconforto, um mal-estar, etc., como imagina que estarão essas células?
- Como imagina que estão as bactérias que estarão a causar essa doença?

- Qual será a ordem que, quer as células, quer as bactérias recebem da sua mente para atuarem?

EXERCÍCIO DE VISUALIZAÇÃO CRIATIVA

Agora que temos a noção de que a forma como nos sentimos é o resultado das ordens que a nossa mente inconsciente manda as nossas células executar no nosso organismo, podemos pois passar a ordenar a essas células para que passem a atuar no futuro de uma forma diferente e melhor e de acordo com os nossos interesses e necessidades atuais.

«O que eu quero agora é que tente visualizar... ou mesmo só imaginar, conforme quiser... imagine as suas células... imagine as células que compõem os seus vários órgãos... imagine por exemplo as células que constituem... a cabeça... a barriga... as mãos... os pés... ou outro órgão do seu corpo...

Pode até concentrar-se num determinado órgão do seu corpo que não ando bom...

Se calhar estas células desta parte do seu corpo... podem até nem estar nas melhores condições... mas o que eu quero é que imagine agora que alimenta estas células... que lhes dá tudo o que elas precisam...

Imagine... ou veja como estas células ficam cada vez mais fortes... cada vez mais alegres... cada vez mais bem-dispostas... e cada vez mais prontas para combater as bactérias que possam existir ou vir a aparecer... imagine agora estas células a eliminarem os desconfortos e mal-estar desta parte do seu corpo... e a restabelecerem... a pouco e pouco uma saúde cada vez melhor...

Imagine agora que dá a essas células todas as condições para combaterem as doenças e os desconfortos... veja agora essas células... fortes... alegres... bonitas... e bem-dispostas... e prontas para enfrentar qualquer inimigo...

127

Agora que todas as células... estão fortes... alegres... bonitas e bem-dispostas e prontas para combaterem os desconfortos e as doenças... diga-lhes como quer que elas atuem... diga-lhes como quer que elas expulsem as bactérias... e os desconfortos... ordene-lhe para reagirem sempre que for preciso...

O que eu quero que saiba é que sempre que quiser pode concentrar-se numa determinada parte do seu corpo... e ordenar às suas células para atuarem de maneira diferente... de uma maneira mais saudável para si... basta que se concentre nessa parte do seu corpo e que visualize... ou só mesmo que imagine... tudo isto a acontecer».

E acaba aqui a técnica referida.

A minha intenção ao referir na íntegra esta técnica e com as pausas indicadas, como se fosse numa sessão de hipnose, visou somente desmistificar o que é hipnose clínica.

A hipnose clínica é tão só promover um estado agradável de relaxamento profundo e neste estado, que além de ser extremamente agradável também é só por si só muito bom para a saúde, são transmitidas sugestões de bem-estar, que serão facilmente apreendidas e aceites pelo paciente, pois serão transmitidas diretamente à mente inconsciente, fazendo com que estas sugestões sejam a base de um novo programa de comportamento que irá ser executado de forma natural pelo paciente.

Conforme referi no inicio, esta técnica de hipnose será sugestionada ao paciente num tom de voz calmo e monótono para facilitar o relaxamento e antes da sessão de hipnose se iniciar será explicado o seu conteúdo para saber se faz ou não sentido para o paciente, pois só neste caso será esta técnica sugestionada.

Para os ouvintes que já conhecem a hipnose clínica ou para os que não conhecem e gostariam de experimentar, poderão ouvir esta técnica, como se de uma sessão de hipnose se tratasse, através do

OBSERVAR/IMAGINAR, O EFEITO MENTAL

Quando observamos as coisas, podemos vê-las como elas são fisicamente aos nossos olhos ou então 'vê-las' com a nossa mente... que mais não é do que imaginá-las de outra forma.

Mas o mais importante é que, pelo menos quando estamos a 'ver' essas coisas com a nossa mente deveríamos sempre 'obrigar-nos' a vê-las como gostaríamos que elas fossem.

Deveríamos ter sempre isto em conta, até porque, pode acreditar que, por incrível e o mais surpreendente que possa parecer, quer estejamos a observá-las ou a imaginá-las, o seu poder e efeito mental em nós vai ser o mesmo.

É muito importante que nos lembremos sempre que quando o que estamos a ver não nos agrada, temos sempre a opção de Imaginar... simplesmente imaginar isso a acontecer da forma que nos mais nos agrada e nos traz melhores sensações.

Quando vemos alguma coisa de que não gostamos, temos sempre a opção de contrapormos a este sentimento menos bom que estamos a sentir, uma lembrança de algo que nos dá prazer, de algo que nos faz sentir com melhores sensações.

Quando vivemos uma experiência que nos ajuda a entender de uma forma exagerada o que não queremos, esta experiência também nos pode ser muito útil, pois ao sabermos que não gostamos de uma determinada coisa, vamos saber que gostaríamos do oposto, ou seja, vamos poder alinhar os nossos pensamentos e as nossas ações com o oposto, que certamente esse sim nos trará melhores sensações.

Porventura a razão mais forte para não termos ainda aquilo que desejamos é porque se calhar nos estamos a focar ou a dar mais atenção para o oposto do que na verdade queremos, ou seja à sua ausência.

Por exemplo, se calhar, o que faz parecer difícil passar a mudar de uma situação difícil e sem solução para a abundância financeira, é que não estamos conscientes que estamos andar na direção oposta do nosso objetivo, ou seja, que nos estamos focar mais, por exemplo na má situação financeira, do que a 'imaginar-nos' ou a sentir-nos na nova e boa situação financeira.

Podemos a qualquer altura avaliar se nos estamos a mover na direção correta do nosso objetivo, prestando atenção às sensações que temos a cada instante e quais os pensamentos, palavras ou ações, que lhes deram origem.

Quando entendermos como devemos proceder, através das indicações que nos são dadas pelas nossas sensações, vamos saber qual a melhor forma de nos 'transportarmos' da doença para a saúde, da ausência de uma relação que desejamos, para uma relação completa, ou ainda de uma má situação financeira, para uma boa situação financeira.

A consciência da maneira como nos sentimos é a situação mais importante a ter em conta, pois vai dar-nos a certeza de que o que procuramos é efetivamente bom ou não para nós.

A partir desta altura nunca mais ficaremos perdidos sem saber se nos estamos a mover ou não, na direção certa para atingirmos os nossos objetivos.

Por estranho que possa parecer, quando sabemos o que não queremos, vamos ter a habilidade para sabermos o que realmente queremos pelo efeito oposto, ou seja, para sabermos e vivenciarmos o que desejamos é necessário vivenciar e entender o que se não deseja, através da escolha e do foco nessa coisa.

Quando pretendemos alcançar um objetivo é muito importante avaliarmos antecipadamente duas situações:

-1ª: Onde estamos, e

-2ª: Onde queremos estar.

Caso não tenhamos a certeza destas duas situações facilmente somos desviados dos nossos propósitos, pois vamos estar rodeados por várias influências e por pessoas que vão questionar as nossas atitudes e opções.

REVERTER UMA CRENÇA

A cada momento, somos bombardeados por uma quantidade enorme de Leis, de sugestões, de regras, de expetativas, etc., na maioria das vezes impostas pelos outros e quase todos parecem ter uma opinião diferente de como nos deveríamos comportar.

É pois muito importante que mantenhamos sempre o foco naquilo que efetivamente nós queremos e que mais nos convém para não podermos ser desviados dos nossos propósitos e objetivos.

É importante termos a noção de que vamos ser pressionados para irmos por um lado ou por outro, no entanto se nos deixarmos influenciar e formos na direção que nos for apontada, em vez da nossa direção, vamos perceber nesta altura, que além de não satisfazermos ninguém, também não nos vamos sentir satisfeitos, pois vamos estar a andar por uma direção que nos afasta do nosso objetivo.

Quando mantemos a expetativa e acreditamos sobre algo, esse algo está a caminho, mas também quando tememos algo, esse algo está vindo para nós, este é um dos princípios da lei da atração.

Se há coisas que estão na nossa experiência e que não desejamos mais, a nossa crença em relação a isso precisa de mudar.

Mas também se houver coisas que ainda não estão na nossa experiência, mas que queremos trazer para nós, também precisamos de mudar a nossa crença.

Não é impossível reverter uma crença, é tão-somente necessário escolher pensamentos diferentes.

Claro que escolher pensamentos diferentes vai requerer foco e prática, conforme já aqui referi, no entanto cada vez que praticar estes novos pensamentos, estes vão tornar-se cada vez mais fortes e vão sobrepor-se aos anteriores.

Devemos ter sempre a noção e a certeza de que se continuarmos focados no que nos temos vindo a focar, a pensar no que temos pensado, ou a acreditar no que temos acreditado até aqui, nada mudará na nossa experiência, como disse Einstein 'insanidade é continuar a fazer sempre as mesmas coisas e esperar resultados diferentes'.

Muitas vezes sentimo-nos presos a uma situação porque continuamos a ter os mesmos pensamentos, continuamos a acreditar nas mesmas coisas, no entanto estes pensamentos e estas crenças se calhar nunca nos trouxeram nada de bom.

Se queremos que as coisas mudem, temos de sair da nossa zona de conforto, temos de fazer diferente, mas isso vai requerer no início algum espírito de sacrifício, pois vai implicar encontrar maneiras não habituais e familiares de executar coisas e tarefas habituais e familiares.

Claro que nesta mudança haverá sempre um interminável número de pessoas com opiniões diferentes, com regras, com necessidades e com sugestões, sobre como nós deveríamos viver a nossa vida.

Nenhuma dessas pessoas será capaz de levar em consideração a única coisa que importa para nós e que é realmente importante para nós, que é alcançar os nossos desejos e objetivos.

Mesmo que todas as pessoas ao nosso redor sejam bem-intencionadas ao nos quererem desviar do nosso caminho.

Temos de ter a noção de que elas estão a agir assim porque não conhecem os nossos propósitos e porque não conseguem separar o desejo deles para nós, do desejo deles para eles mesmos e também porque estão a agir de acordo com os ensinamentos e aprendizagens, deles e não dos nossos.

O HÁBITO DE PENSAR DIFERENTE DO QUE DESEJAMOS

Quando sabemos que queremos uma determinada coisa e não a temos, vamos assumir a existência de algo lá fora que está a manter essa coisa longe de nós, no entanto a única coisa que nos está a impedir de ter já isso na nossa experiência é o nosso hábito de pensar diferente do que desejamos.

Quando nos tornarmos conscientes do poder dos nossos pensamentos e da nossa habilidade de nos permitirmos ter o que desejamos, vamos assumir o controlo criativo sobre a nossa própria experiência.

Quando os resultados das nossas ações não nos satisfazem, foi porque estivemos somente focados nas sensações que as nossas ações ou pensamentos nos trouxeram, em vez de termos adaptado e mudado esses pensamentos e ações, para coisas e situações diferentes e que nessa altura nos tivessem trazido melhores sensações.

O que eu quero que saiba é que a realidade que todos nós fomos ensinados a encarar, essa realidade só existe porque nós a estamos a criar.

A nossa realidade somos nós que a criamos através dos nossos ensinamentos e aprendizagens, pois como já aqui referi, uma mesma coisa ou situação pode ser boa para uns e má para outros, dependendo esta apreciação das aprendizagens e ensinamentos que temos em relação a essa coisa, logo, cada um pode criar uma realidade diferente para si de uma mesma coisa ou situação.

Ou seja, é muito importante avaliar como nos sentimos quando damos atenção a uma coisa para avaliarmos se convém ou não trazer isso para a nossa experiência.

Na nossa sociedade atual pesam-se prós e contras de determinada situação, mas raramente se tenta perceber e entender as sensações de cada um em relação a essa coisa ou situação.

É pois muito importante para cada um de nós perceber e aceitar, que uma coisa que não nos traz boas sensações, não nos leva de encontro aos nossos propósitos ou objetivos, no entanto temos e devemos admitir que essa mesma coisa ou situação pode trazer boas sensações a outras pessoas e isto é tão verdade porque os ensinamentos, propósitos e objetivos das outras pessoas poderão ser diferentes dos nossos.

Nós não podemos controlar o que acontece à nossa volta, mas podemos e devemos sempre controlar a nossa atenção e o nosso foco em relação a essas coisas ou situações, para que possamos trazer para a nossa experiência só aquilo que nos faz sentir com boas sensações.

Ninguém mantém um desejo por outro motivo que não seja o da crença de que a realização desse desejo o fará sentir-se melhor, seja um bem material, um estado físico melhor, uma relação, etc..

No 'coração' de cada desejo está sempre a vontade de nos sentirmos bem, podemos pois dizer que o nosso nível de felicidade e sucesso na vida não são as coisas ou o dinheiro que temos, mas sim a quantidade de sensações boas e de contentamento que podemos sentir por obter essas coisas.

Ou seja o propósito da vida é o prazer, por isso o resultado final que esperamos não é a posse de determinada coisa, mas sim a maneira como nos sentimos durante e quando estamos na posse dessa coisa.

A IMPORTÂNCIA DA APRECIAÇÃO POSITIVA

A apreciação e a auto estima são alguns dos aspetos mais importante que devemos alimentar.

Em primeiro lugar a nossa própria autoestima ou autoapreciação positivas e depois a apreciação positiva dos outros e aos outros, vai fazer com que nos alinhemos vibracionalmente com a fonte da nossa energia natural.

Quando nos focamos em alguma coisa que apreciamos positivamente, o nosso foco emite energia que flui naturalmente, logo esta energia não vai ter resistência, o que faz com que o resultado final seja de sensações agradáveis, logo vamos sentir-nos muito bem.

Quando nos focamos em algo que não apreciamos, quando por exemplo criticamos alguém ou achamos faltas em nós mesmos, o sentimento que vamos ter em nós, não vai ser bom porque escolhemos um pensamento que não se harmoniza com a essência de quem realmente somos, pois a vibração deste sentimento é muito diferente da nossa vibração energética natural.

Por exemplo quando os nossos pais nos dizem que gostam de nós ou nos elogiam, a razão porque nos sentimos bem é porque estas palavras nos fazem ter boas sensações que são a essência natural da nossa vibração energética.

Mas se alguém nos castiga ou nos diz coisas menos boas, nós vamos sentir-nos mal porque agora as sensações que vamos sentir não estão de acordo com a nossa essência original, esta vibração energética está em desarmonia ou não alinhada com a nossa vibração energética natural.

Quando as nossas emoções são fortes e nos trazem más sensações, como a depressão, o medo, a angústia, etc., isto significa que não estamos alinhados com o nossos desejos ou objetivos, mas quando as nossas emoções são fortes e nos trazem boas sensações, como por exemplo paixão, entusiasmo, etc., aqui sim estamos alinhados com o nosso desejo ou objetivo naturais, que mais não são do que sentirmos boas sensações.

Há muitas palavras que são usadas para descrever as emoções que sentimos, mas há apenas duas emoções: uma que nos faz sentir bem e outra que nos faz sentir mal, no entanto para chegarmos à plenitude destas sensações, teremos muitas vezes de passar por sensações intermédias que nos façam chegar progressivamente à sensação que nos faz sentir ainda melhor.

Dou agora um exemplo: imaginemos que uma pessoa que está seriamente deprimida descobre conscientemente qual o pensamento ou acontecimento que lhe deu origem, pode desde logo 'obrigar-se' a ter um novo pensamento ou imaginar uma nova situação que possa aliviar um pouco esta sensação para por exemplo uma sensação de raiva e assim sucessivamente até à emoção que melhor sensação lhe traga.

Certamente que se todas as pessoas que sofrem pudessem ter esta consciência, isto poderia aliviar a pouco e pouco e cada vez mais o seu sofrimento.

A chave para nos sentirmos bem, para termos boas sensações, é decidirmos, a todo o instante, não importa se nessa altura nos estivermos a sentir bem ou menos bem, 'qual é o pensamento que me fará sentir melhores sensações perante esta situação?' e 'obrigar-nos', nem que seja somente a imaginarmos, somente mesmo a imaginarmos outra situação que nos traga melhores sensações.

Com isto vamos alcançar o melhor pensamento/sentimento e conforme o formos repetindo, vamos estar cada vez mais num estado de permissão de melhores sensações.

RELAÇÃO: PENSAMENTO/SENSAÇÃO

Deveríamos ter sempre uma obrigação para com nós mesmos, que é: '- exatamente neste momento encontrarei o melhor pensamento/sentimento que puder, para alcançar cada vez mais alívio e meu bem-estar'.

A seguir vou passar a referir algumas sensações, que poderão ser uma evolução positiva em relação a outras sensações menos positivas:
- A raiva pode por exemplo dar-nos dar um alívio da depressão, da tristeza, do desespero, do medo, da culpa;
- O pessimismo pode dar-nos uma sensação de alívio da irritação;
- A confiança pode dar-nos uma sensação de alívio do pessimismo, e
- A alegria, pode dar-nos uma sensação de alívio da expectativa positiva.

Quando dizemos por exemplo: '- quero que isto que ainda não aconteceu, aconteça, vamos estar apenas a ativar a vibração da ausência do nosso desejo, pelo que nada mudará para nós.

Mas se dissermos por exemplo '- não seria bom se este meu desejo acontecesse para mim?', nesta situação porque não há uma ordem expressa, se calhar vamos sentir-nos menos pressionados, e vamos ter uma sensação já melhor do que as anteriores.

Claro que a mudança do nosso pensamento não vai ter resultados imediatos.

A mudança de pensamento vai dar origem a novas sensações no nosso corpo, que por sua vez vão implicar um novo comportamento das nossas células, pois são as nossas células as responsáveis por nos fazerem sentir as boas e menos boas sensações que temos.

145

Claro que vai haver células que por estarem já a atuar durante muito tempo de determinada forma vão demorar mais tempo a assimilar as novas funções, no entanto esta mudança vai ocorrer tão rápido, quanto mais em harmonia estivermos alinhados vibracionalmente com os nossos desejos.

Quando entendermos que uma emoção negativa é apenas um indicador de resistência e que é essa resistência que mantém fora de nós aquilo que realmente queremos, vamos 'agradecer' às nossas sensações, quer sejam elas boas ou menos boas, pois vai ser através delas que vamos optar pelo caminho que melhor serve os nossos interesses.

Proponho agora aos ouvintes um pequeno exercício, imagine por exemplo que acabou de se desentender com o seu filho, porque ele não a ajuda em casa, porque ele não cuida das coisas dele ou porque tem sempre o quarto dele desarrumado.

Você agora iria escrever o que sente, seria por exemplo isto:
'- Ele, está a tentar deixar a minha vida cada vez mais difícil…';
'- Ele até parece que gosta de me chatear…',
'- Não suporto esta situação, isto está a fazer-me mal'…
Certamente depois de escrever isto não terá boas sensações.

Agora o que eu quero é que escreva novos pensamentos sobre o seu filho que o façam sentir com sensações mais agradáveis ou um pouco melhores e depois de escrever esses pensamentos, vai avaliar como se sente depois.

Vamos agora avaliar como se terá sentido ao escrever por exemplo:
'- Ele nunca me escuta' - sente-se com as mesmas sensações;
'- A culpa é minha, devia tê-lo ensinado melhor' - vai sentir-se pior;
'-Lembro-me de quando tinha a idade dele e se calhar fazia o mesmo', - vai sentir-se melhor;
'- Há muitas coisas no meu filho que eu adoro', - vai sentir-se melhor.

Lembre-se que não há respostas certas ou erradas aqui e ninguém pode realmente saber quais dos nossos pensamentos que nos trazem as melhores sensações.

Perguntará o ouvinte '- mas será correto eu sentir-me bem com os hábitos errados do meu filho?'

A resposta é sim, pois quando nos sentimos melhor vamos estar alinhados vibracionalmente com as coisas que estão em harmonia com a nossa nova sensação e as condições e as circunstâncias vão mudar para se compatibilizarem como esta nossa nova sensação.

REGRESSÃO OU TERAPIA DE VIDAS PASSADAS

Na crónica de hoje vou-me socorrer do livro de Brian Weiss, *'Muitas vidas, muitos mestres'* para explicar resumidamente de que forma a hipnose clínica pode ajudar a tratar muitos problemas, e neste caso específico utilizando a chamada regressão ou terapia de vidas passadas.

Conta Brian Weiss que durante dezoito meses utilizou os mais diversos métodos convencionais de psiquiatria para ajudar uma sua paciente a ultrapassar os seus sintomas, sem que tivesse resultados satisfatórios.

Resolve então recorrer à hipnose, sendo que, com esta terapia a sua paciente foi recordar memórias de vidas passadas, que segundo ele refere, seriam os fatores que causavam o seu sofrimento, como viria a confirmar mais tarde.

Diz que quando começou a tratar a sua paciente os seus ataques de pânico estavam a aumentar de ansiedade, de frequência e de duração e começava já a ter pesadelos que se repetiam frequentemente, nomeadamente medo do escuro, medo de água e receio de ficar fechada, entre outros.

Refere que na primeira sessão em que fez uma sessão de regressão à sua paciente, ela foi capaz de recordar fatos cada vez mais distantes, mas da sua vida presente.

Recordava-se por exemplo de uma experiência traumática no dentista quando tinha a idade de seis anos, ainda de uma experiência aterradora com a idade de cinco anos quando foi empurrada de uma prancha para uma piscina em que se engasgou com a água e quase sufocou e recordou-se ainda de uma noite quando acordou sobressaltada no seu quarto às escuras.

149

No entanto para surpresa de Brian Weiss, depois desta primeira sessão, os sintomas não passaram por completo, no entanto na sessão seguinte ficou alarmado, desde logo porque a sua paciente referiu ter vivido no ano 1863 AC, quando então se chamava de Cleastra e tinha uma filha que se chamava Raquel, sendo que esta sua filha Raquel dessa vida, era na vida atual a sua sobrinha.

Sentia-se perplexo com o que ouvia pois as visualizações que a sua paciente relatava pareciam-lhe absolutamente precisas e não aparentava que estivesse a fazer tentativas para acertar em nomes, datas, ou vestuário.

Mais perplexo ficou quando ela referiu que aquela criança que nessa altura era sua filha, era agora a sua sobrinha, com isto cada vez se sentia mais confuso.

De seguida mas já numa sessão seguinte, mandou-a avançar mais no tempo até à sua morte nessa vida, pois segunda ele julgava os acontecimentos na altura da morte podiam ser especialmente traumáticos.

Recordou então que via ondas gigantescas a derrubarem árvores e que não existia nenhum lugar para onde fugir, daí o possível medo da água, refere que não conseguia respirar e logo após que se descontraiu completamente e a respiração tornou-se profunda e regular, estava a descansar, que estava em paz, que aquela vida terrena tinha terminado.

Na sessão seguinte referiu-lhe que os sintomas que tinha estavam a desaparecer, que o medo de se afogar tinha desaparecido e que os medos de sufocar também tinham diminuído.

Ao contrário do que muita gente pensa, reviver o momento da morte ou outros acontecimentos traumáticos, numa vida passada pode ser muito libertador, pois normalmente esses são momentos que foram vividos com muita carga emocional.

Na maior parte das vezes esses acontecimentos não foram verdadeiramente compreendidos e aceites por nós, logo enquanto não forem devidamente enquadrados e 'arrumados', vamos continuar a ter a tendência para continuar a ter a mesma vivência, vida após vida, incluindo as mesmas sensações de mal-estar e as mesmas doenças e a atrair as pessoas e acontecimentos que nos levem a vivenciar essas mesmas experiências.

EXERCÍCIOS SIMPLES DE AUTO-HIPNOSE

Na crónica de hoje vou dar alguns exemplos práticos de como qualquer pessoa pode aplicar por si e em si mesmo, algumas técnicas de hipnose para melhorar o seu dia-a-dia.

O principio básico a ter em conta no que diz respeito à aplicação das técnicas de hipnose é de que estas sugestões devem ser transmitidas quando estamos num estado de relaxamento profundo.

É extremamente fácil para o ouvinte comprovar por si mesmo como neste estado as sugestões que faz a si mesmo têm muito mais eficácia do que sendo dadas no estado normal.

Sugiro um exercício muito simples que pode fazer, de preferência quando estiver sozinho, num lugar calmo e em que não seja interrompido.

Com este exercício vai ser fácil comprovar a eficácia das sugestões quando dadas no estado normal ou no estado de relaxamento.

Então na primeira situação e no seu estado normal e com os olhos fechados ou abertos conforme quiser, vai dizer para si mesmo que vai contar mentalmente de cem até um sem parar e de seguida começa a contar.

Assim que começar a contar certamente vai notar que lhe não vai ser fácil concentrar-se na contagem até ao fim, pois outros pensamentos se vão interpor, sendo até natural que se perca na contagem passados poucos números após a primeira contagem, isto acontece porque, neste estado ainda é a sua mente consciente que prevalece.

Agora experimente fazer este mesmo exercício, mas antes de o iniciar faça com que todo o seu corpo relaxa o mais que puder, para isso acontecer é tão só necessário que comece por se concentrar numa parte do seu corpo e ordene a si mesmo para esta parte relaxar e assim sucessivamente percorrendo todo o seu corpo.

Vai certamente notar que se vai sentir muito bem neste estado de relaxamento.

Pode até sentir sensações agradáveis, como por exemplo de leveza, de bem-estar, pode mesmo sentir que o seu corpo flutua, isto são sinais de que está profundamente relaxado.

Quando sentir que o seu corpo está neste estado de relaxamento, diga para si mesmo, de preferência em voz alta, ou então imagine-se a receber esta ordem ou sugestão de relaxamento algumas vezes.

Diga então que se vai concentrar na contagem de cem até um e que todos os demais pensamentos que possa ter, vão afastar-se logo, pois vai estar concentrado na contagem decrescente.

Comece agora a fazer a contagem, vai certamente ficar surpreendido com a facilidade com que vai estar concentrado nesta contagem sem que outros pensamentos a possam interromper com tanta facilidade.

Porque é que isto aconteceu?

Aconteceu tão-somente, porque neste estado, é a mente inconsciente que prevalece o que faz com que as ordens sejam mais facilmente executadas, pois não passam pelo 'crivo' da mente consciente, que poderia impedir a aceitação desta sugestão.

É muito importante ter em conta que, qualquer pessoa e em qualquer situação, pode provocar em si mesmo este estado de relaxamento e sugestionar-se a si mesmo para alterar ou resolver qualquer situação, quer seja um problema de relacionamento ou mesmo um problema de saúde.

Como já aqui referi, quem comanda o nosso bom ou menos bom estado de saúde e quem comanda a nossa boa ou menos boa reação do nosso corpo às doenças, somos nós mesmos através das ordens que a nossa mente transmite às nossas células para executarem no nosso organismo.

Claro que quando transmitimos novas ordens, temos de dar tempo às nossas células para se habituarem a executar as novas sensações no nosso organismo.

Estas sensações irão demorar tanto mais tempo, quanto mais as anteriores sensações estiverem mais ou menos fortes e consistentes.

TÉCNICA: INSTALAR ÂNCORAS

Como aqui referi na crónica anterior, todos nós temos o poder de nos sugestionarmos a nós mesmos de forma mais eficaz, é só necessário que essas ordens ou sugestões, que vamos dar a nós mesmos, sejam efetuadas quando estivermos num estado de relaxamento profundo.

Hoje vou aqui indicar uma técnica que pode ser muito útil, que se chama 'instalar âncoras'.

Esta técnica baseia-se em associar um estado agradável porque a pessoa tenha passado, ou caso o não tenha, a imaginar um à sua escolha, com o objetivo de através dessa 'âncora', associar estas sensações boas, à situação menos confortável por que irá passar, para depois passar a sentir nessa altura estas sensações positivas.

Esta 'âncora' pode ser tão variada como, um gesto, um som, uma música, etc. .

E como pode instalar uma âncora em si mesmo?

É muito simples, tem somente que identificar e ter presente uma situação do seu passado em que teve as boas sensações que gostaria ter no futuro.

A seguir vai provocar em si um relaxamento profundo e quando sentir que atingiu esse estado de relaxamento profundo, vai-se imaginar na situação positiva que já viveu ou que se imagina a viver e vai-se imaginar a sentir todas essas boas sensações.

Logo que comece a sentir todas essas sensações agradáveis vai associar então essa âncora a estas sensações, conforme atrás referi.

Quando estiver a sentir todas estas boas sensações, vai sugestionar-se a si mesmo, várias vezes, da seguinte forma: 'sempre que no futuro eu fizer este gesto, vou passar a sentir estas mesmas sensações'.

No futuro, quando estiver perante a situação problemática ou menos boa em que se encontra vai ativar esta âncora, ou seja, vai efetuar o gesto que tem associado à nova sensação que quer ter nessa mesma situação.

Vai notar que quanto mais treinar e ativar as suas âncoras, mais fortes elas vão ficar e quando der por si, nem vai notar que está a reagir de uma forma diferente e melhor do que antes.

O que eu quero que saiba é que pode instalar em si, tantas âncoras quantas quiser... pode instalar âncoras para problemas de relacionamento, para problemas de saúde, para se sentir mais motivado, para tudo o que quiser.

Acredite que, a forma como reage, quer em relação aos acontecimentos do dia-a-dia, quer em relação à reação do seu corpo às doenças, tem tudo a ver com as ordens que a sua mente inconsciente manda o seu corpo executar.

Por isso é extremamente importante ter a noção de que, quando não reagimos da forma mais correta para nós, temos sempre o poder de a pouco e pouco, nos treinarmos mentalmente para reagirmos de maneira diferente.

Claro que há certas reações, quer sejam as nossas reações aos acontecimentos, quer seja a reação do nosso corpo às doenças, que por estarem muito treinadas e muito exercitadas, vão demorar mais tempo a serem removidas.

Mas o mais importante a ter em conta é que, se essas reações nesta altura estão fortes é porque foram muito exercitadas, logo as novas reações também têm de ser muito exercitadas e treinadas para se obterem bons resultados.

Pode até notar que pode estar a sabotar-se a si mesmo, na reação que pretende ter, como por exemplo quando o seu corpo não reage a uma determinada doença como pretende.

Se calhar isto acontece, só porque não acredita ser possível melhorar, ou porque lhe foi dito que seria inevitável vir a sofrer dessa doença, claro que se estiver firmemente convicto disto, vai haver uma autossabotagem dos seus propósitos, pois se por um lado quer sentir-se melhor, mas por outro lado houver uma parte de si que lhe vai dizer que isso não é possível, os resultados não o vão satisfazer.

RELACIONAMENTOS

No nosso relacionamento com as pessoas que estão à nossa volta, podemos sempre dizer a outra pessoa que ela está errada, não só por meio de palavras, mas também por um olhar, por um gesto, ou ainda por uma entoação, e muito mais.

Agora uma pergunta que aqui deixo: se disser a uma pessoa que ela está errada acha que a levará a concordar consigo?

Claro que não, nunca... pois desferiu um golpe contra o que ela julga ser a sua inteligência, contra o seu julgamento, contra o que ela julga ser o seu orgulho e contra o que ela acredita ser o seu amor-próprio.

Apenas fará com que essa pessoa fique mais ressentida consigo, por ela considerar que você nem sequer tentou perceber as suas razões.

Nunca devemos começar uma discussão a dizer por exemplo 'eu vou-te provar isto ou aquilo', pois na mente da outra pessoa isso vai soar a dizer o mesmo que: '- eu sei mais e sou mais inteligente do que tu' e a outra pessoa se pressentir isso nunca vai dar o braço a torcer, pois isso seria admitir a sua inferioridade.

É muito importante termos sempre a noção que é muito difícil, mesmo sob as condições mais favoráveis, impor uma mudança na opinião e na ideia das outras pessoas a respeito de um determinado assunto, até porque na maioria das vezes, para elas aquilo faz realmente sentido, à luz das aprendizagens e ensinamentos que têm.

Dirá então o ouvinte: '- como vou então agir e reagir quando não concordo com uma opinião de outra pessoa?'

Existem várias técnicas, deve por exemplo, logo no início da conversa admitir que também erra e que também pode estar errado, ao dizer isto desarma desde logo o seu previsível opositor, pois se de entrada já admite que a sua observação pode não estar correta, certamente ele não o vai atacar.

Diga-lhe por exemplo: '- bem agora veja por este lado, eu posso estar errado e muitas vezes me engano, mas vamos examinar os factos, desta perspetiva que talvez não tenha considerado'.

A partir do momento em que admitimos para nós mesmos, em voz alta, que podemos errar e que nos podemos enganar, certamente ninguém se irá opor ou sentir melindrado quando expressemos uma opinião diferente sobre o mesmo assunto.

Com esta atitude vai retirar argumentos ao seu opositor para prolongar a discussão e fará com que a outra pessoa fique tão sensata como nós fomos, fazendo com que também ela possa admitir que pode estar errada.

Muitas vezes sentimos para nós mesmos que somos capazes de mudar de ideias sem qualquer resistência ou grande emoção, mas se nos dizem que estamos errados, vamos ficar magoados.

Podem até estas nossas crenças ter bases pouco sólidas, mas iremos defende-las de uma maneira intransigente, quando alguém se propõe trocá-las.

Outra sugestão para evitar uma discussão e para fazer prevalecer a sua ideia, experimente isto: confesse logo de entrada que a outra pessoa está totalmente certa, que você viu de outro ponto de vista, etc. .

Ao confessar isto de forma clara e com convicção, você vai notar uma situação bastante invulgar, que vai ser, o de você tomar o papel do outro, (de seu acusador) e a outra pessoa irá tomar o seu papel (de seu defensor), com uma atitude generosa de perdão e compreensão e irá reduzir o seu erro ao mínimo, pois quando nós mesmos admitimos o nosso erro, vamos ter a tendência de ser consolados ao invés de continuarmos a ser confrontados.

Uma boa forma de 'desarmar' uma pessoa que venha para ter uma discussão consigo, é dizer a si próprio em voz alta e para que essa pessoa o possa ouvir e antes dessa pessoa ter oportunidade, todas as coisas que você sabe estar a outra pessoa a pensar sobre si, até porque vai ser mais fácil para si ouvir de si próprio a sua autocrítica, porque vem de si mesmo e não do outro.

Também para nós mesmos, saiba que existe sempre um grau de satisfação em se ter a coragem de admitir o próprio erro, não apenas porque vamos aliviar a pressão, a sensação de culpa e a atitude de defesa, como também e com frequência ajudamos a resolver o problema que seria criado com o confronto de ideias.

AS PALAVRAS QUE DIZEMOS

Por incrível que possa parecer à primeira vista, quando estamos atentos às palavras que dizemos durante o nosso dia-a-dia, vamos verificar porque é que reagimos da forma que reagimos, quer no que respeita à nossa reação aos acontecimentos, quer no que respeita à reação do nosso corpo às doenças.

As palavras que dizemos durante o dia são o resultado do nosso diálogo interno e são o resultado de todos os ensinamentos e aprendizagens que fomos adquirindo durante os anos.

Acontece que, estes ensinamentos foram-nos transmitidos, nomeadamente pelos nossos pais e educadores, pessoas estas que na maior parte dos casos não tinham a noção da qualidade ou não dos ensinamentos que nos estavam a transmitir e da sua utilidade ou não para nós, limitando-se a transmitir-nos os ensinamentos que por sua vez lhes tinham sido transmitidos a eles próprios.

Por isso é que é muito importante termos a noção da qualidade dos ensinamentos que recebemos agora e analisarmos se nos interessam ou não, para que possamos quebrar este ciclo vicioso, para que não continuemos a passar agora para os nossos educandos estes mesmos ensinamentos, sem fazermos uma pré-análise da sua qualidade e interesse para a pessoa a quem se dirigem.

A seguir vou aqui dar alguns exemplos, para podermos ver de que maneiras as afirmações que produzimos durante o dia podem afetar a nossa qualidade de vida, no nosso dia-a-dia.

Quem já não ouviu expressões deste género em relação ao dinheiro: '- o dinheiro não traz felicidade', '- prefiro ser pobre e honrado', ou ainda '- dinheiro honesto só se for a trabalhar'...

Ou ainda em relação às relações amorosas, quando alguém diz '- as mulheres (ou os homens) são todas isto ou aquilo', ou agora muito na moda referir o estado civil como 'complicado'.

Em relação à saúde, ouvimos muitas vezes expressões como: '- ando muito mal', ou 'já sei o que me espera, o meu pai também sofreu disto', ou 'já sei que isto não tem cura'.

Agora vamos imaginar como essa pessoa se vai sentir quando diz estas expressões:
- Relativamente ao dinheiro, acha que se vai sentir mais feliz e satisfeito, quando tiver mais dinheiro, quando diz constantemente que o dinheiro não traz felicidade, ou que prefere ser pobre e honrado, ou que dinheiro honesto só se for a trabalhar?
- Quanto às relações amorosas, acha que se vai sentir bem junto de uma mulher ou homem, quando sempre disse mal dessas pessoas, ou acha que vai ter uma relação fácil quando refere que o seu estado civil é 'complicado'?
- No que respeita à saúde, acha que o seu organismo vai 'dar ordens certas' para se sentir bem, quando anda sempre a dizer que está mal, ou acha ainda que a sua mente vai ordenar ao seu corpo para reagir a uma doença, quando refere e acredita convictamente que essa doença é incurável ou é hereditária?

Por estranho que lhe possa parecer a sua mente inconsciente vai 'ajudá-lo' a manter-se coerente naquilo em que acredita e vai ajudá-lo a tomar as atitudes e ações necessárias para vir a ter aquilo em que acredita, que mais não é do que: não ter mais dinheiro, não ter boas relações e a não ter uma boa saúde.

Temos de ter muito cuidado com a crítica generalizada que fazemos de determinado assunto ou situação, pois esta situação pode vir a reverter-se contra nós, pois a nossa mente inconsciente vai sempre 'ajudar-nos' a manter-nos coerentes com aquilo em que dissemos acreditar.

O PODER DO PERDÃO

Enquanto não aprendermos a sermos corretos com nós próprios, vai haver sempre uma parte de nós que não se vai sentir bem e confortável.

Certamente já sentiu que mesmo depois de ter perdoado uma pessoa por alguma coisa que lhe esta lhe tenha feito, mesmo assim ficou com uma sensação de desconforto.

Um perdão só liberta e traz paz e harmonia a quem o pratica, se além de ser dito com convicção à outra pessoa, também nos perdoarmos a nós mesmos, é também muito libertador e também muito benéfico para a nossa saúde física e mental, conforme refere uma conhecida autora destes temas Louise Hay.

Diz ela o seguinte: 'precisamos escolher libertar-nos do passado e perdoar a todos, inclusive a nós mesmos, talvez não nos saibamos perdoar e talvez não nos queiramos perdoar, porém o simples facto de dizermos que estamos dispostos a perdoar-nos dá início ao processo de cura'.

Para a nossa própria cura é imperativo que 'nós' nos libertemos do passado e perdoemos a nós mesmos e a todos os outros.

Também em relação aos outros deveremos dizer para nós mesmos isto: '- eu te perdoo F. de tal por não seres como eu queria que fosses... eu te perdoo e eu te liberto'.

Acredite que esta afirmação vai transmitir-nos boas sensações e vai libertar-nos.

Diz ainda Louise Hay que 'todas as doenças tem origem num estado de não-perdão', ou seja, sempre que estamos doentes temos de procurar dentro dos nossos corações a quem precisamos de perdoar.

Refere ainda que precisamos de perdoar em primeiro lugar a quem acharmos mais difícil, pois é disso que precisamos para nos começarmos a libertar em primeiro lugar.

Perdoar significa, soltar, desistir da mágoa, não tem nada a ver com desculpar um determinado comportamento, significa apenas que estamos dispostos a deixar a coisa ir embora, a libertar-nos da mágoa…

Não precisamos saber como perdoar, tudo o que precisamos fazer é estarmos dispostos a perdoar.

Relata ainda Louise Hay, que quando alguém a procura com algum problema, quer seja má saúde, maus relacionamentos, etc., ela trabalha unicamente numa só coisa, que é em 'amar o eu'.

Diz ainda que, 'quando realmente nos amamos, nos aceitamos e nos aprovamos exatamente como somos, tudo na nossa vida funciona, é como se pequenos milagres estivessem em todos os cantos, a nossa saúde melhora, atraímos dinheiro, os nossos relacionamentos tornam-se mais satisfatórios e começamos a expressar-nos de uma forma plena e criativa, tudo parece acontecer, sem mesmo tentarmos'.

Amarmo-nos e aprovar-nos a nós mesmos, vai criar um espaço de segurança, confiança, merecimento e aceitação, que resultará na organização da nossa mente.

Pessoas que se amam a si mesma e aos seus corpos não se prejudicam nem prejudicam os outros.

Amar a si mesmo, amar o eu, começa com jamais nos criticarmos por nada, pois a crítica tranca-nos dentro do padrão que estamos a tentar modificar, a compreensão e os sermos gentis com nós mesmos, vai ajudar-nos a sair dele.

Devemos sempre lembrar-nos, que sempre nos estivemos a criticar durante anos e anos e esta crítica não nos levou a conseguir maior satisfação.

Vamos pois a partir de agora aprovar-nos em tudo o que fizermos e esperar os resultados que certamente iremos notar e ficar agradavelmente surpreendidos.

OS NOSSOS PENSAMENTOS/AS NOSSAS ALEGRIAS E TRISTEZAS

O mundo que vemos lá fora é interpretado pela nossa mente à luz das crenças e aprendizagens. que temos guardados na nossa mente inconsciente.

Deveríamos pois ter sempre a consciência que aprendermos a pensar corretamente deveria ser a coisa mais importante que deveríamos ter em conta durante a nossa caminhada nesta vida, no entanto, poucas pessoas exercitaram este pensar corretamente (muitos de nós por mero desconhecimento) e sabem como esses dois sistemas opostos de pensamento atuam.

A maioria de nós não compreende nem tem a noção, de que são os nossos pensamentos que fazem com fiquemos aborrecidos, com que fiquemos preocupados, raivosos ou deprimidos.

Muitas vezes pensamos que são situações externas, ou outras pessoas, ou o nosso corpo, etc., mas isso é pura ilusão, na verdade é o nosso pensamento que está a provocar isso, é o nosso pensamento que está na origem de tudo.

Já aqui falei em crónicas anteriores que todos os pensamentos, sistemas de crenças, interpretações e percepções vêm do passado.

A grande maioria dos nossos ensinamentos e programações foram-nos transmitidos durante a nossa infância através dos nossos educadores: pais, avós, família, professores, amigos, conselheiros, etc., mas também pela televisão, pela rádio, jornais, revistas, pelo país em que nascemos, pela vizinhança onde crescemos, pela nossa raça, pela nossa posição socioeconómica, religião, etc. .

Tudo isso afetou e continua a afetar os nossos sistemas de crenças, que mantemos a um nível consciente e inconsciente.

Nós fomos programados por todas as nossas vidas, presente e passadas, e trouxemos todos estes ensinamentos para esta vida, dentro dos bancos de armazenamento de nossa mente inconsciente.

Ora isto vem demonstrar mais uma vez, que nós apesar de nos vermos com os nossos olhos físicos, as nossas sensações e emoções são o resultado de todo o nosso sistema de crenças e de convicções.

Quando olhamos para o nosso mundo, para a nossa situação de vida atual, nós estamos apenas a ver e a sentir tudo isto de acordo com toda a programação metal que adquirimos no passado.

A maioria das pessoas não faz ideia de que são os seus pensamentos que estão na origem da criação da sua realidade objectiva.

Pensam que o mundo é o que elas vêem, elas não são felizes, são amargas, julgadoras, raivosas, tristes, subjugadas e impacientes devido a algum acontecimento no mundo ou devido a alguma coisa menos boa que está a acontecer nas suas vidas.

Mas a razão disso não está nesses acontecimentos, mas sim na forma como interpretam e percebem esses mesmos acontecimentos.

Para alterar este padrão de sensações e emoções, terão de passar a interpretar e a perceber o mundo, como um lugar bom, que traz amor, alegria, felicidade, paz interior, harmonia, equilíbrio, amor-próprio etc..

No entanto para começar a conseguir este objectivo, a primeira e mais importante condição é livrarmo-nos dos pensamentos errados e insignificantes, que criam a todo o instante, um mundo sem sentido.

É muito importante percebermos que quando atacamos os outros ou ficamos enraivecidos, a origem está no medo, devemos perceber que quando outros nos atacam, isso também provém do medo.

Nós não precisamos de ir ao cinema ou a uma festa para sentirmos alegria, não que seja errado ir a esses lugares, mas tão só porque não são eles a causa de nossa alegria ou da falta dela, a verdadeira causa é o nosso pensamento ácerca disso.

A NOSSA CRIANÇA INTERIOR

Grande parte da nossa programação mental que temos na nossa mente, tanto a positiva, como a negativa, foi aceite por nós, a maior parte por altura dos três anos de idade, de forma inconsciente, pois nessa altura não sabíamos aquilo que melhor nos convinha, foram pois os nossos educadores que tomaram essa iniciativa por nós.

As nossas experiências desde essa altura estão baseadas pois naquilo que aceitamos e acreditamos sobre nós mesmos e sobre a vida naquela época.

O modo como fomos tratados quando eramos pequenos, geralmente é o modo como nos tratamos a nós mesmo agora no presente, ou seja, a pessoa que estamos a maltratar no presente, é a nossa criança interior de três anos que temos em cada um de nós.

Se você é uma pessoa que fica com raiva de si mesmo por ser medroso e assustado, pense em si como sendo uma criança de três anos de idade.

Se você visse à sua frente uma criança assim o que faria?

Ficaria chateado ou tentaria confortá-la para a fazer sentir mais segura e tranquila?

Lembre-se que os adultos que viviam à sua volta naquela época, quando você tinha três anos podiam não sober como confortá-lo, podiam não saber como lhe transmitir os melhores ensinamentos, mas agora nós somos o adulto da nossa vida.

Se hoje não estamos a confortar e a dar alento e coragem à nossa criança interior, trata-se de algo muito negativo e triste para nós mesmos, pois agora, ao invés de serem os outros a criticarem-nos e a transmitirem-nos más sensações, somos nós mesmos que fazemos a nós mesmos essas mesmas acusações.

Temos de lembrar-nos que o passado pertence ao passado e já terminou, só temos de retirar os ensinamentos, bons ou menos bons que se passaram e perdoar-nos a nós mesmos por isso e seguir em frente.

Este é o momento presente e agora temos a oportunidade de nos tratarmos como queremos e merecemos ser tratados, se calhar como uma criança assustada que precisa de carinho e não de repreensões e maus tratos.

Ralhar com nós mesmos no presente, só nos vai tornar adultos ainda mais assustados e desconfortáveis com a vida que temos.

Lembre-se que quando a nossa criança interior se sente insegura, cria um monte de problemas, certamente se lembrará como se sentia quando era maltratado por outros quando era pequeno, pois a sensação será a mesmo se formos nós a maltratarmo-nos a nós mesmos no presente.

Não quero ser gordo, não quero ser pobre, não quero ser velho, não quero morar aqui, não quero ter este relacionamento, não quero ser como o meu pai/mãe, não gosto deste emprego, não gosto do meu corpo, não quero ser solitário, não quero ser infeliz, não quero ser doente.

Se calhar estas frases são-lhe familiares, mostram como somos culturalmente ensinados a lutar contra o negativo, ao invés de lutarmos por alcançar o positivo e que na verdade queremos, ao contrário de referirmos constantemente o que não quermos e assim iremos ter e atrair sempre mais situações menos positivas para nós.

E para terminar a crónica de hoje, deixo aqui um desafio sob a forma de uma pergunta: - qual é a primeira coisa que você diz pela manhã quando acorda? Todos dizemos algo quer seja em forma de pensamento, quer seja mesmo oralmente.

Benjamim Rodrigues

Será que diz por exemplo: '- oh meu Deus, mais outro dia chato pela frente', ou então: '- lá me tenho de levantar da cama outra vez, para mais um dia chato e aborrecido'.

Se tem expressões ou pensamentos parecidos com estes, tente agora ter pensamentos mais positivos logo pela manhã, como por exemplo: '- este dia pode ser melhor do que ontem', ou '- o dia está lindo lá fora', etc. ...
Tente isto durante pelo menos uma semana e comprove os resultados.

NO DESPORTO E NA SAÚDE, O QUE FALAMOS?!

Há quem sustente a ideia de que o povo português tem uma cultura assente no pessimismo, que o leva a dar mais atenção às coisas menos positivas ao invés de coisas mais positivas.

A situação que acabei de referir nota-se especialmente quando há um diálogo entre algumas pessoas, nomeadamente quando estabelecem como termo de comparação o facto negativo e não o positivo.

Vou aqui dar alguns exemplos, como se pode dizer a mesma coisa, mas com palavras diferentes e tendo como termo de comparação o fato positivo e não o negativo.

Acredite que se se habituar a falar desta maneira vai provocar um efeito muito positivo na sua mente.

Se começar a tomar atenção por exemplo nos jogadores de futebol, a maioria tende a ter um discurso negativo, comparam sempre as incidências do jogo pela parte negativa e se perderam um jogo, normalmente têm um discurso do género: '- foi um jogo mau da nossa parte, com uma exibição má da nossa equipa, pelo que considero que o mais justo foi a nossa derrota'…

Há no entanto um jogador, já retirado, Luís Figo, que normalmente contrariava esta tendência e no final de um jogo de futebol, para o mesmo jogo, teria respondido, se calhar desta forma: '- foi um jogo menos bom da nossa parte, com uma exibição menos conseguida da nossa equipa, pelo que considero que no jogo de hoje, pese todo o nosso esforço não foi possível vencer'.

Se reparar bem nos dois discursos, enquanto que a comparação do primeiro é com o negativo, 'foi um jogo mau', compara com o mau, no segundo, compara com o positivo: 'foi um jogo menos bom'.

Ainda no primeiro discurso: 'uma exibição má', no segundo: 'uma exibição menos conseguida', e por último: 'o mais justo foi a nossa derrota', mais uma comparação com o negativo "derrota", enquanto que no segundo a comparação é com o positivo 'vencer'.

Dei aqui estes exemplos, para termos a noção do que, se calhar nas nossas conversas diárias somos capazes de dizer sobre os mais variados assuntos.

Por exemplo quando está doente e lhe perguntam como está, claro que a resposta não pode ser positiva, no entanto poderá responder comparando com quando estava bem e não com quando estava ainda mais doente.

Imaginemos então que está doente e lhe perguntam como está?

Certamente vai responder coisas do género: '- estou mal, estou com esta doença, etc. e sei que vai demorar a passar, já a anterior foi assim'.

Agora passe a responder da seguinte forma: '- não estou muito bem, já estive melhor, mas sei que vai melhorar, como acabou por acontecer das outras vezes', vai ver que desde logo começar a ter melhores sensações.

Existem pessoas que mesmo antes do mal-estar chegar já lhe estão a preparar as 'boas-vindas', certamente já ouviu alguém dizer, '- já sei que logo vou estar com uma valente gripe, é sempre assim', claro que nesta situação já está programado para ter a gripe e cada vez mais forte, pois cada vez mais vai estar a reforçar mais esta reação do seu organismo.

Por fim deixo aqui uma dica, certamente vai visitar regularmente alguém que está doente, quer num hospital, quer em sua própria casa, tente que as perguntas que faz encaminhem para uma resposta positiva, como por exemplo '- então já está melhor?', nunca referir por exemplo '- então ainda está muito mal?'.

Creia que quer a nossa reação aos acontecimentos, quer a reação do nosso corpo às doenças, começam naquilo que pensamos, continua naquilo que falamos e termina por fim naquilo que vamos fazer, tenha pois sempre muita atenção para onde os seus pensamentos o estão a conduzir.

PERDOAR É SINAL DE FRAQUEZA?!

Na crónica de hoje vou aqui relatar um texto de Sofia Pedroso, com a devida autorização da autora.

Tem por título, uma pergunta: *'Perdoar é sinal de fraqueza?'..*

Começa assim:
«Lutar pode ser a melhor forma de defender os nossos direitos, mas será a melhor forma de os assegurar? Resolver um conflito passa por quê?
- Por dar razão ao outro?;
- Por fazer com que o outro reconheça que temos razão?, ou
- Por simplesmente, aceitar que temos vivências diferentes, e que possivelmente ambos temos razão, em função da nossa realidade?

Se não tivermos a humildade para considerar que a perspetiva do outro pode ser válida, vamos entrar numa discussão em que o único propósito é provar que temos razão, o que é que isto acrescenta à relação?

A partir do momento em que os nossos pensamentos nos levam a arranjar motivos para nos sentirmos indignados se tornam automáticos, passam a auto confirmar-se: o parceiro que se sente vitimado analisa constantemente tudo o que o outro faz e que possa confirmar a sua convicção de que está a ser vitimado, ignorando ou desconfiando dos gestos de ternura suscetíveis de pôr em questão ou desmentir esta ideia.

Eu acredito que isto se deve às nossas crenças, em especial a uma muito vincada que nos diz que todos os casais têm problemas e que isso de ser feliz para sempre é coisa de contos de fada e ainda justificamos as exceções a esta regra, dizendo que os casais que não têm problemas vivem casamentos de fachada.

Eu acredito que comportamento gera comportamento, e se isto é verdade para os comportamentos negativos também o é para os positivos.

Quem de nós não se sentiu já derreter com um gesto de ternura inesperado?

Quem não sentiu o seu amor renovado num momento de intimidade em que só os olhos parecem falar?

Não será possível que o outro reaja da mesma forma se a iniciativa for nossa?

Então do que estamos à espera para influenciar positivamente as pessoas que amamos?

A razão principal para recusarmos a ideia de influenciar positivamente os outros, não será porque acreditamos que é sinal de fraqueza.

Sempre que ouço isto pergunto: queres ser forte ou ser feliz?

As relações não são irreversíveis, até na autoestrada, em que não podemos fazer inversão de marcha, temos como alternativa sair na saída seguinte para voltar a entrar em sentido inverso, só há um ponto de não-retorno quando nós próprios desistimos da relação e nós desistimos muito facilmente das nossas relações.

As pessoas que nos amam, só porque nos amam, não ficam na posse do conhecimento necessário para assegurar que nunca erram, principalmente porque a definição de erro está necessariamente associada ao nosso grau de tolerância.

Uma atitude é menos errada quanto mais tolerante eu for a ela, da mesma forma, que se eu tiver pouca tolerância com um determinado comportamento, esses erros assumem uma gravidade muito superior *e por esta razão, o que é efetivamente grave para mim, pode não ser tão grave assim para o outro.*

Devemos usar a nossa tolerância para aceitar que o outro pode não ter noção do que é realmente importante ou especialmente grave para mim, se pudermos aceitar isto, podemos ter uma base de trabalho para investir na nossa relação e dar uma segunda oportunidade, e uma terceira, e uma quarta, dar oportunidades enquanto a outra pessoa estiver realmente empenhada na relação.

Uma relação perfeita não é aquela em que não há nada de errado, mas sim aquela em que ambos trabalham com o mesmo empenho para que dê certo.»

O QUE FAZES COM ESSA FELICIDADE?

«Já reparaste que às vezes tens coisas na tua vida que te enchem de alegria?

Situações inesperadas e felizes, ou a concretização de assuntos pelos quais esperaste tanto tempo?

Já notaste que às vezes, nem que seja por breves momentos, és extremamente feliz?

E o que é que fazes com essa felicidade toda?

Aproveita-la ao máximo?

Gozas essa felicidade?

Aproveitas para sentir, sentir, sentir... de forma a equilibrar com aqueles dias menos bons que passas a chorar?

O que é que fazes com essa alegria toda?

Vais a correr contar a alguém, não consegues viver primeiro intensamente só para ti e já reparaste que essa pessoa à qual tu contas, nunca te devolve a mesma energia?

Já notaste que ela, como não está dentro do assunto, se limita a ficar contente por ti, quando fica?

Tu vais contando e como a pessoa não se anima, achas que o problema é dessa pessoa e contas a outra que também não se anima, e tu, vais murchando, murchando... e chega uma altura em que, quem já não se anima és tu próprio.

O que é que fizeste de errado?

Esvaíste essa energia, dispersaste-a com os outros, não a guardaste para ti, para te encher, para te iluminar.

Se repararas bem, nunca guardas nada para ti e depois culpas os outros que não se animam com as tuas coisas, que não te entendem.

E chega uma altura em que, como eles não se interessam, já nem tu te interessas.

Aprende uma coisa: às vezes temos de guardar algo só para nós, é como se fosse um segredo, nem que seja pelo menos só por um tempo, só para nós.

Aproveita, anima-te, interessa-te e fica com essa energia.
Às vezes parece que vais explodir mas fica, esse é o teu alimento energético, esse é o teu alimento de luz.»

«Ativa a tua sensibilidade, ativa a tua máxima sensibilidade, para que percationes tudo ao teu redor, para que percebas os sinais, para que entendas que os sinais não são visíveis, pois acontecem principalmente no teu sistema energético.
Perceciona tudo com a tua máxima sensibilidade, chora se for preciso, mas chora de emoção, nem sempre o choro é de dor.
Ativa a tua máxima sensibilidade para compreenderes o que está a acontecer, porque o que está a acontecer está para além das palavras, dos sons, das formas, o que está a acontecer é energia pura.
Ativa a tua máxima sensibilidade e aceita-a, ser sensível é um dom e quando te reconheceres como ser sensível, só nessa altura recebes a minha energia como uma bênção e vais ver que a partir daí a vida vai deixar de ter mistérios.»

E hoje tivemos por aqui excertos de Mensagens de Luz de Alexandra Solnado, espero que tenham gostado.

ARREPENDIMENTOS MAIS COMUNS!

Na crónica de hoje vou aqui relatar um estudo feito por uma enfermeira australiana de nome Bronie Ware, que trabalhou numa unidade de cuidados paliativos para doentes terminais.

No seu blog, esta enfermeira compilou as cinco coisas, que as pessoas à beira do fim da vida, mais se arrependem de não ter feito.

«Em 1º lugar surge o arrependimento: '- Quem me dera ter tido a coragem de viver de acordo com as minhas convicções e não de acordo com as convicções dos outros'.
Refere que este é o arrependimento mais comum.
Diz ainda que quando as pessoas se apercebem de que a sua vida esta a chegar ao fim e olham para trás, percebem quantos sonhos ficaram por realizar.
A saúde traz consigo uma liberdade de que poucos se apercebem que têm, até a perderem.

Em 2º lugar aparece: '- Quem me dera não ter trabalhado tanto'.
Este era um arrependimento mais comum em todos seus pacientes masculinos.
Arrependiam-se de terem perdido a infância dos filhos e de não terem desfrutado da companhia das pessoas queridas. (…)
Relata ainda que todas as pessoas que tratou se arrependiam de terem passado a maior parte da sua existência nos 'meandros' do trabalho.

Em 3º lugar surge: '- Quem me dera ter tido coragem de expressar os meus sentimentos'.
Muitas pessoas suprimiram os seus sentimentos, para se manterem em paz com as outras pessoas, como resultado disso, acostumaram-

se a uma existência medíocre e nunca se transformaram nas pessoas que podiam ter sido.

Muitos desenvolveram doenças cujas causas foram a amargura e ressentimento que carregavam como resultado dessa forma de viver.

Em 4º lugar dos arrependimentos surge: '- Quem me dera ter mantido contacto com os meus amigos'.

Muitas vezes as pessoas só se apercebem dos benefícios de ter velhos amigos quando estão perto da morte e já é impossível voltar a encontrá-los. (…)

Diz ainda esta enfermeira que muitos doentes ficam profundamente amargurados por não terem dedicado às amizades o tempo e esforço que mereciam.

Todos sentiam a falta dos amigos quando estavam às portas da morte».

E em 5º lugar dos arrependimentos mais comuns das pessoas em fase terminal surge: «- Quem me dera ter-me permitido ser feliz».

Muitos só percebem no fim da vida que a felicidade era apenas uma escolha.

Mantiveram-se presos a velhos padrões e hábitos antigos. (…)

O medo da mudança fê-los passarem a vida a fingirem aos outros e a si mesmos serem felizes, quando, bem lá no fundo, tinham dificuldade em rir como deve ser.»

Espero que a crónica de hoje nos tenha feito pensar a todos, no sentido de analisarmos se estamos a fazer, ou se estamos a não nos permitir fazer, tudo aquilo que nos traz felicidade e paz de espírito, para caso isso não esteja a acontecer possamos inverter o nosso caminho, antes que seja tarde de mais.

PENSAMENTOS ORIENTADORES DE AMOR E DE MEDO

Todas as ações humanas são movidas ao nível mais íntimo por uma de duas emoções: medo ou amor.

Na verdade existem apenas estas duas emoções, apenas estas duas palavras na linguagem da alma.

Todos os pensamentos e todas as ações humanas assentam no amor ou no medo, não há mais nenhuma motivação humana e todas as outras ideias nada mais são do que derivações destas duas, estes são os chamados pensamentos orientadores que têm a sua origem no medo ou no amor.

O pensamento orientador, que é todo o 'pensamento por detrás do pensamento por detrás do pensamento', é o primeiro pensamento ou o pensamento original que deu origem a todos os outros.

Este primeiro pensamento é a energia que aciona o motor da experiência humana, que por sua vez dá origem ao nosso comportamento e que vai dar origem às nossas boas ou menos boas sensações do nosso dia-a-dia.

Por isso as pessoas amam, em seguida destroem, depois tornam a amar, isto deve-se ao facto de haver sempre a oscilação de um sentimento de medo para um sentimento de amor, amor vai gerar medo, medo vai gerar amor que vai gerar medo.

Se analisarmos bem, a primeira coisa com que nos preocupamos depois de dizermos 'amo-te', é se teremos a mesma resposta.

Se a tivermos essa resposta vamos passar de imediato a preocupar-nos com a hipótese de virmos a perder o amor que acabamos de encontrar e assim todas as nossas ações se transformam numa reação de defesa contra a perda, ou seja, vamos agir não com a convicção de amar, mas com a convicção de não vir a perder esse amor, vamos agir com base no medo de perder e não com base em alimentar esse amor.

Porque será que geralmente as nossas ações são baseadas no medo?

Não será porque nos julgamos inferiores, menos importantes, menos bons?

E de onde fomos buscar todas estas ideias a nosso respeito?

Certamente que foram as pessoas mais próximas de nós, como os nossos pais, os nossos educadores, etc. .

Não foram eles que nos disseram que éramos demasiado isto, não suficiente bons naquilo, que nos recordavam que devíamos ouvir e calar, que nos repreenderam em alguns momentos da nossa maior alegria, que nos encorajaram a pormos de lado as nossa fantasias mais ousadas?

Foram também os nossos pais e os nossos educadores que nos disseram, que nos ensinaram, que nos mostraram que o amor é condicional, foram eles que nos ensinaram-nos a vivermos uma realidade de um amor assente no medo.

Por tudo isto a nossa experiência do amor tem como base um pensamento orientador de medo e por isso, vamos desde logo ver-nos durante a nossa vida a recebermos um amor condicional e a darmos esse amor da mesma forma.

Porque será então que as nossas ações baseadas no medo vencem mais vezes?

Se calhar, porque nos ensinaram a viver com medo... porque se calhar nos falaram da sobrevivência dos mais aptos, da vitória dos mais fortes e do êxito dos mais espertos, mas se calhar, muito pouco nos falaram do triunfo dos mais afetuosos.

Por isso nos esforçamos por sermos os mais aptos, os mais fortes e os mais espertos de qualquer forma e se numa dada situação nos vemos como algo menos que isso, temos a noção que perdemos, pois disseram-nos que ser menos, é ser-se vencido e não ser-se mais afetuoso.

Em resumo, podemos concluir que o medo é a energia que contrai, que fecha, que isola, que foge, que esconde, que amealha, que faz mal.

Por sua vez o amor é a energia que expande, que abre, que liberta, que fica, que revela, que partilha, que cura.

SER FELIZ

Na crónica de hoje e de *Paulo Evandro Rodrigues*, um texto sobre a felicidade, com o título: 'Ser feliz'.

«Você pode ter defeitos, viver ansioso e ficar irritado algumas vezes, mas não se esqueça de que a sua vida é a maior empresa do mundo, só você pode evitar que ela vá à falência.

Há muitas pessoas que precisam de si, que o admiram e que torcem por si, lembre-se de que ser feliz não é ter um céu sem tempestades, caminhos sem acidentes, trabalhos sem fadigas e relacionamentos sem deceções.

Ser feliz é encontrar força no perdão, esperança nas batalhas, segurança no palco do medo e amor nos desencontros.

Ser feliz não é apenas valorizar o sorriso, mas também refletir sobre a tristeza. Não é apenas comemorar o sucesso, mas aprender lições nos fracassos. Não é apenas ter o júbilo nos aplausos, mas encontrar alegria no anonimato.

Ser feliz é reconhecer que vale a pena viver a vida apesar de todos os desafios, como incompreensões e períodos de crise.

Ser feliz não é uma fatalidade do destino, mas sim uma conquista de quem sabe viajar para dentro do seu próprio ser.

Ser feliz é deixar de ser vítima dos problemas e tornar-se um autor da sua própria história, é atravessar desertos fora de si, mas ser capaz de encontrar um oásis no recôndito da sua alma e agradecer a Deus a cada manhã pelo milagre da vida.

Ser feliz é não ter medo dos próprios sentimentos, é saber falar de si

195

mesmo, é ter coragem para ouvir um 'não', é ter segurança para receber uma crítica mesmo que injusta, é beijar os filhos, gostar dos pais e ter momentos poéticos com os amigos mesmo que eles nos tenham magoado.

Ser feliz é deixar viver a criança livre, alegre e simples que mora dentro de cada um de nós, é ter maturidade para falar 'eu erre'", é ter ousadia para dizer 'perdoe-me', é ter a sensibilidade para dizer 'eu preciso de ti', é ter a capacidade de dizer 'eu amo-te'.

Desejo que a vida se torne um canteiro de oportunidades para você ser feliz…

Que nas suas primaveras, você seja amante da alegria, que nos seus invernos você seja amigo da sabedoria e, quando você errar o caminho recomece tudo de novo, pois assim você será cada vez mais apaixonado pela vida e descobrirá que ser feliz não é ter uma vida perfeita, mas usar as lágrimas para irrigar a tolerância, as perdas para refinar a paciência, as falhas para esculpir a serenidade, a dor para lapidar o prazer e usar os obstáculos para abrir as janelas da inteligência.»

HOMENS-LIVROS

Na crónica de hoje um texto de *Wagner Borges*, espero que gostem.

«O Universo é uma imensa livraria, a terra é apenas uma das suas estantes, nós somos os livros colocados nelas.

Da mesma maneira que as pessoas compram livros, apenas pela beleza da capa, sem pesquisarem o índice e o seu conteúdo, muitas outras pessoas também avaliam os outros pela aparência externa, pela capa física, sem considerarem a parte interna.

Outras pessoas procuram livros com títulos bombásticos, sensacionalistas histórias de terror ou romances profundos.

Também é assim com as pessoas: há aquelas que buscam sensacionalismos baratos, dramas alheios ou apenas um romance.

Somos homens-livros lendo uns aos outros, podemos ficar só na capa ou aprofundarmos a nossa leitura até as páginas vivas do coração.

A capa pode ser interessante, mas é no conteúdo que brilha a essência do texto, o corpo pode ter uma bela plástica, mas é o espírito que dá brilho aos olhos.

Também podemos ler nas páginas experientes da vida muitos textos de sabedoria, depende do que estamos a procurar na estante.

Podemos ver em cada homem-livro um texto-espírito impresso nas linhas do corpo, em que Deus colocou a sua assinatura divina ali, nas páginas do coração, mas só quem lê o interior descobre isso.

Só quem vence as ilusões da capa e mergulha nas páginas da vida íntima de alguém, descobre o seu real valor, descobre o seu valor humano e espiritual.

Que todos nós possamos ser bons leitores conscientes, que nas páginas dos nossos corações, possamos ler uma história de amor profundo e que nos nossos espíritos possamos ler uma história imortal.

E que, sendo homens-livros, nós possamos ser leitura interessante e criativa nas várias estantes da livraria-universo.

A capa amassa, as folhas podem rasgar, mas que ninguém amasse ou rasga as ideias e sentimentos de uma consciência imortal.

O que não foi bem escrito numa vida poderá ser bem escrito mais à frente, numa próxima existência ou mais além mas, com toda certeza, será publicado pela editora da vida, na estante terrestre ou em qualquer outra estante por aí.»

Este foi um texto em forma de metáfora especialmente do meu agrado, espero que também tenha sido do seu.

'ENSAIO VISUAL MOTOR' E 'O SEGREDO'

O primeiro passo para materializar é visualizar, quem o diz é o norte-americano *Dr. Denis Waitley* que na década de 80 e 90 aplicou no projeto olímpico dos Estados Unidos, o programa *'Ensaio Visual Motor'*.

Diz este especialista que o interessante da mente humana é que se colocarmos num atleta olímpico uma aparelhagem de leitura biomédica e o fizermos visualizar-se a fazer uma corrida somente na sua mente, *'incrivelmente os mesmos músculos serão acionados na mesma sequência de quando ele corria na sua mente e de quando ele corria numa competição'*.

Como explicar este fenómeno?

Refere este especialista que é *'porque a mente humana nesta situação, não consegue diferenciar entre: o atleta estar a fazer ou estar só a treinar ou a visualizar-se a fazer'*.

Quando treinarmos a visualização do que desejamos, devemos ver sempre e somente o resultado positivo final que mais desejamos.

Relativamente aos relacionamentos, deixo aqui também uma dica para melhorar o seu estado de espírito, pode até ser com uma pessoa com quem teve um mau relacionamento.

No caso de querer que a sua relação evolua positivamente elabore uma lista das coisas que mais gosta (ou gostou) na outra pessoa e irá começar a notar que essa pessoa, quase por magia, começará a pouco e pouco a fazer-lhe essas coisas a você.

No entanto embora nesta situação, nós nos vamos alinhar vibracionalmente com a outra pessoa no que se refere àqueles assuntos, devemos ter em conta também que quando os nossos desejos e quando o nosso humor (ou vibração energética) não combinarem mais com essa pessoa, vamos passar a estar desalinhados vibracionalmente, logo nós e a outra pessoa vamos passar a não atrair as mesmas situações e acontecimentos e isto é tão-só porque as frequências energéticas de cada um são diferentes, já não combinam mais.

É muito importante reter esta máxima de que tudo o que existe no universo é feito da mesma matéria-prima, tudo absolutamente tudo, no mais ínfimo pormenor é energia.

Se por exemplo pegar na sua mão e olhar para ela, certamente lhe parecerá sólida, mas na verdade ela não é, pois se você a visualizar num microscópio especial e específico o que irá ver não será mais do que uma massa de energia a vibrar.

Tudo no universo é feito desta matéria-prima: a energia. Seja a nossa mão, seja o mar, ou mesmo uma estrela, tudo o que existe no universo é energia.

Assim talvez compreendemos melhor, porque razão, quando nos sentimos bem ou menos bem, vamos atrair outra massa de energia da mesma vibração, que mais não é do que uma pessoa, acontecimento ou situação que tem a mesma espécie de energia que a nossa.

Por fim deixo aqui um dado muito interessante e que merece reflexão:
- sabia que está comprovado cientificamente que a energia de que o nosso corpo é constituído daria para iluminar uma cidade durante aproximadamente uma semana?

A RAIVA

Na crónica de hoje, mais um texto de *Sofia Pedroso*, desta feita sobre a 'raiva'.

Começa assim:

«Controlar ou não as nossas emoções é uma questão relevante, à primeira vista podemos achar que controlar emoções é ficar desprovido delas, o que facilmente associamos a um vazio imenso, como se quem controla as emoções não as conseguisse viver, mas controlar as emoções pode significar, simplesmente não ficar à mercê delas, não deixar que a razão seja deturpada, levando-nos a fazer ou dizer coisas que normalmente não faríamos nem diríamos.

Diz o ditado popular que uma mentira contada muitas vezes, passa a ser verdade, isto aplica-se aqui, se disseres a ti próprio 'és um falhado' todos os dias, não vais passar disso mesmo, mas se disseres a ti próprio todos os dias 'és um vencedor', vais notar que a tua fisiologia começa a mudar, vais assumir inconscientemente a postura de um vencedor, vais encher o peito e tirar os olhos do chão cada vez que o disseres.

A linguagem revela o quanto a pessoa acredita no seu objetivo e isso afeta diretamente a sua confiança e motivação, esteja ele a falar em voz alta ou consigo próprio, mudar a linguagem é uma tarefa que se impõe para quem tem a postura 'se'.

Por exemplo, uma pessoa que queira deixar de fumar não deve permitir que o seu discurso inclua expressões como 'se eu conseguisse', tem de falar como se o tabaco já fosse parte do seu passado, o mesmo se aplica ao futuro, se queres ser promovido não deves falar no campo das possibilidades, sê afirmativo: 'quando eu for promovido». Fala como se já tivesses a certeza que vais ser promovido.

Outra possibilidade é optar por não encarar as atitudes de terceiros como pessoais, na maioria das vezes as pessoas não estão zangadas connosco, mas com as suas próprias limitações e com a sua incapacidade de lidar com as suas próprias emoções.

Independentemente do método que escolhas, recuperar o controlo das nossas emoções a cada instante, é assegurar que recuperas o controlo da tua vida, não o fazer, implica despoletar situações sobre as quais não tens controlo, com consequências para as quais podes não estar preparado, porque afinal, comportamento gera comportamento.

Ter autocontrole não se resume a reprimir emoções, ao contrário do que possamos pensar, ter autocontrole não é reprimir com sucesso a emoção que aflora, até que se extinga, pois neste caso a mágoa fica agravada até porque não tivemos a oportunidade de explodir, de a deitar cá para fora e por isso vai permanecer em nós.

O que eu entendo por autocontrole, tem a ver com a nossa capacidade de controlar o impulso mas também de resinificar, que mais não é do que compreender e aceitar os acontecimentos e atitudes, esta é uma capacidade que se treina, podemos começar por fazê-lo depois do acontecimento, mas se nos empenharmos conseguiremos fazê-lo durante uma discussão e com isso podemos influenciar positivamente o comportamento do outro.

A diferença é que se nos limitarmos a reprimir a emoção, fazemos de nós próprios uma bomba prestes a explodir, se optarmos por resinificar, esvaziamos de sentido o acontecimento e conseguimos com isso quebrar o ciclo que defende que comportamento gera comportamento.»

O SEGREDO – II

Todos os nossos pensamentos são energia e como energia que são esta energia pode ser quantificada e medida.

Quando nos focamos num determinado pensamento daquilo que efetivamente queremos e temos boas sensações, estamos a emitir uma vibração energética que está na mesma frequência do nosso desejo.

Quando nos focamos em determinado pensamento estamos a emitir um sinal magnético ou vibração energética, que vai atrair de volta para nós uma força energética da mesma vibração.

Como aqui já referi, em Portugal estamos culturalmente ensinados a pensar naquilo que não queremos, em vez de pensarmos naquilo que efetivamente queremos.

Por isso muitas vezes, embora possamos pensar que estamos a pensar corretamente naquilo que efetivamente queremos, estamos na verdade a afastar-nos ainda mais.

Saiba que quando estamos a pensar numa situação do passado, do presente, ou do futuro, na nossa mente estamos a 'viver' essa situação e a atrai-la na sua forma física para a nossa existência.

Quando temos um pensamento, estamos a abrir um processo de criação e alguma coisa se irá manifestar na nossa vida.

Se repararmos bem, vemos isto na nossa sociedade, quando alguém fala constantemente em doenças, essa pessoa normalmente anda doente ou não se sente confortável, já quando alguém fala regularmente de bem-estar e prosperidade vai notar que se calhar é isso que ela mais tem ou está a atrair mais para si a cada dia.

Está provado cientificamente que um pensamento positivo é centenas de vezes mais poderoso do que um pensamento negativo.

Como vivemos uma realidade em que existe um atraso na materialização dos acontecimentos, isso vai ser-nos útil, pois neste lapso de tempo que decorre desde o nosso pensamento até à sua manifestação física, vamos ter tempo de nos prepararmos para viver plenamente essa realidade na nossa vida e também vamos ter tempo para mudar para outros pensamentos, se entretanto chegarmos à conclusão que é outra realidade que melhor serve os nossos interesses.

Para sabermos quais os pensamentos que deveremos 'alimentar' e fortalecer, deveremos tomar atenção às sensações que eles nos causam, se nos causam boas sensações esses pensamentos estão de acordo com aquilo que nos vai fazer sentir bem, mas no caso desses pensamentos nos fizerem sentir más sensações, deveremos adaptá-los até que nos causem cada vez sensações menos desconfortáveis, até que sintamos uma sensação de maior conforto.

Uma forma simples de saber se estamos a atrair coisas boas para a nossa vida é prestamos atenção a como nos sentimos: se estamos alegres e bem-dispostos, estamos a atrair mais coisas que nós queremos para ficarmos mais alegres e bem-dispostos; se pelo contrário estamos tristes e deprimidos, vamos atrair mais coisas que na verdade não queremos e vamos continuar a atrair mais situações para ficarmos ainda mais tristes e deprimidos.

A maioria das pessoas olha para si mesma e diz: '- isto é o que eu sou', mas na verdade o que somos agora é o resultado dos nossos pensamentos do passado, devemos olhar para a nossa situação atual como resultado dos pensamentos do passado, mas quando a nossa situação atual não é do nosso agrado, devemos desde logo começar a 'criar-nos' de novo, começando desde logo por alimentar novos pensamentos que nos tragam melhores sensações.

REGRAS DA VIDA

Na crónica de hoje e de *Carter-Scott*, as regras da vida, 10 regras para viver uma vida melhor ou então, imaginando que a nossa vida é um jogo, estas seriam as regras para viver o jogo da nossa vida.

«-1ª: Você receberá um corpo.
Poderá amá-lo ou odiá-lo, mas ele será seu durante todo o tempo.

-2ª: Você aprenderá lições.
Você está matriculado numa escola informal de tempo, chamada vida, a cada dia terá oportunidade de aprender lições... você poderá optar por gostar das lições que aprende ou considerá-las inúteis e irrelevantes.

-3ª: Não há erros, apenas lições.
O crescimento é um processo de ensaio, de erro e de experimentação, as experiências 'mal sucedidas' são parte do processo, assim como também as experiências que acabam por funcionar.

-4ª: Cada lição é repetida até ser compreendida.
As lições serão apresentadas sob várias formas e quando você tiver compreendido uma lição, passará para a próxima e assim sucessivamente.

-5ª: Aprender lições é uma tarefa sem fim.
Não há nenhuma parte da vida que não contenha lições.., se você está vivo, há lições para aprender e lições para ensinar.

-6ª: 'Lá' só será melhor do que 'aqui', quando o seu 'lá' se tornar um 'aqui', caso contrário você simplesmente terá um outro 'lá' que novamente lhe parecerá melhor que 'aqui'.

-7ª: Os outros são apenas espelhos de você.
Você não pode amar ou odiar alguma coisa noutra pessoa, a menos que ela reflita algo que você ame ou deteste em você mesmo.

-8ª: O que você faz da sua vida é problema seu.
Você tem todas as ferramentas e recursos de que precisa, o que você faz com eles não é da conta de ninguém, a escolha é sempre sua.

-9ª: As respostas para as questões da vida estão dentro de você.
Você só precisa olhar, ouvir e confiar.

-10ª: Você se esquecerá de tudo isso e, ainda assim, você se lembrará.»

E hoje uma crónica diferente, espero que tenham gostado estas foram as regras do jogo da vida.

VOCÊ PODE CURAR A SUA VIDA (1/5)
HISTÓRIA DE VIDA DE LOUISE HAY – I

Na crónica de hoje inicio uma série de crónicas com extratos do livro 'Você pode curar a sua vida' de Louise Hay, na eventualidade de algum ouvinte querer consultar este e-book bastará entrar em contato comigo.

E para iniciar este ciclo de crónicas dedicadas a Louise Hay, vou começar por aqui relatar parte da história de vida desta senhora norte americana:

«Um dia recebi o diagnóstico médico de que estava com cancro.

Claro que com o meu passado de criança maltratada, onde se inclui um estupro aos cinco anos, não foi de admirar uma manifestação de cancro na área vaginal.

Como qualquer outra pessoa que ouve que está com cancro, entrei em pânico total, no entanto por causa do meu trabalho com os meus clientes, eu sabia que a cura mental funcionava e vi no fato a oportunidade de o comprovar em mim mesma.

Afinal eu escrevera o livro sobre padrões mentais e sabia que o cancro é uma doença causada por um profundo ressentimento e que é abrigado por um longo período de tempo, até que literalmente ele começa a comer o corpo.

Eu até então recusava-me a estar disposta a dissolver toda a raiva e ressentimento que tinha deles´ por causa da minha infância sofrida, percebi nesta altura que não podia perder mais tempo, que tinha trabalho a fazer.

A palavra incurável que é tão assustadora para muitos, significa para mim que essa condição em particular não pode ser curada por meios externos e que precisamos de ir para o interior de nós mesmos e encontrar a cura.

Se eu fizesse uma operação sem me livrar dos padrões mentais que haviam dado origem à doença, os médicos continuariam a cortar-me até não restar mais nada de mim. Não gostei da ideia.

Se eu fosse operada para retirar o tecido canceroso e ao mesmo tempo desprendesse o padrão mental que estava a causar o cancro, ele não iria voltar mais. Quando esse mal ou qualquer outra doença volta, creio que não é porque 'eles não tiraram tudo', mas sim porque o paciente não fez as mudanças mentais necessárias, assim sendo só vai recriar a mesma enfermidade, talvez até numa parte diferente do corpo.

Eu também acreditava que, se me conseguisse livrar do padrão mental que criara o cancro, nem mesmo precisava de ser operada.

Assim 'negociei' com os médicos para conseguir algum tempo e eles, de má vontade, deram-me três meses de prazo, o meu argumento foi o de que eu não tinha dinheiro para a cirurgia.

Imediatamente assumi a responsabilidade pela minha própria cura. Li e investiguei tudo o que pude encontrar sobre métodos alternativos que poderiam ajudar no processo.»

Esta crónica sobre a história de vida de Louise Hay continua na próxima semana.

VOCÊ PODE CURAR A SUA VIDA (2/5)
HISTÓRIA DE VIDA DE LOUISE HAY – II

Na crónica de hoje a continuação da crónica anterior, a história de vida de Louise Hay, recordo que na crónica anterior Louise Hay refere que a certa altura foi diagnosticada como estando com cancro.

«*Eu parecia que estava a ser levada para as pessoas certas, depois de ler sobre reflexologia interessei-me por encontrar um terapeuta, fui tratada três vezes por semana durante dois meses e recebi uma grande ajuda.*

Eu sabia também que precisava de me amar muito. Muito pouco amor me fora demonstrado na minha infância e ninguém jamais me ensinara a fazer-me sentir bem comigo mesma.

Eu adorara as atitudes dos meus familiares, que estavam sempre a implicar comigo e a criticarem-se, e estas atitudes haviam-se tornado normais para mim.

Através do meu trabalho na igreja eu me conscientizara de que era certo e até essencial eu me amar e me aprovar, no entanto ficava a adiar, exatamente como acontece com aquele dieta que sempre dizemos que vamos começar amanhã, porém não dava mais para eu adiar.

De início foi muito difícil ficar diante do espelho e dizer coisas como 'Louise eu te amo, amo-te de verdade', todavia, persistindo, descobri que eu não estava mais a diminuir-me em certas situações como fazia no passado, o que me mostrou que eu estava progredindo com o exercício do espelho e outros.

O mais importante era eu me livrar dos padrões de ressentimento que abrigava desde a infância. Era imperativo para mim desprender do meu interior todas as acusações.

Sim, eu tivera uma infância difícil, cheia de maus tratos – sexuais, físicos e mentais, no entanto isso acontecera havia muito tempo e não podia ser desculpa para o modo como eu estava a tratar-me, afinal, eu estava literalmente a comer o meu próprio corpo com um crescimento canceroso porque não me havia perdoado.

Chegara a hora de eu ir além dos incidentes em si e começar a compreender que tipo de experiências poderiam ter criado pessoas capazes de tratar uma criança daquela maneira.

Com a ajuda de um bom terapeuta, expressei toda a velha e repressada raiva socando almofadas e gritando de ódio, o que me fez sentir muito mais limpa. Em seguida comecei a juntar os pedacinhos de histórias que os meus pais me haviam contado sobre as suas infâncias e consegui ver um quadro maior das suas vidas.

Com a minha compreensão cada vez mais crescente e analisando-os de um ponto de vista adulto, comecei a sentir compaixão pelo sofrimento dos dois e a culpa que eu atirava neles foi-se dissolvendo vagarosamente.

Junto com tudo isto, procurei um bom nutricionista para me auxiliar na limpeza e desintoxicação do meu corpo, prejudicado por todas as comidas inadequadas que eu ingerira ao longo dos anos.

Aprendi que elas acumulam-se e criam um corpo cheio de toxinas, tal como os pensamentos inadequados se acumulam e que criam uma mente intoxicada, foi-me recomendada uma dieta muito rígida, constituída quase só por hortaliças, no primeiro mês fiz lavagens intestinais três vezes por semana.

Não fui operada, como resultado dessa completa limpeza física e mental e seis meses depois de ter ouvido o diagnóstico consegui que os médicos concordassem com o que eu já sabia – eu não tinha mais nem sinal de cancro.

Nesta altura eu sabia por experiência própria que a doença pode ser curada se estivermos dispostos a mudar o modo como pensamos, acreditamos e agimos.

Às vezes o que parece ser uma grande tragédia transforma-se no melhor das nossas vidas, aprendi isso por experiência própria e passei a valorizar a vida de uma nova maneira, comecei a procurar o que realmente era importante para mim e acabei por tomar a decisão de deixar a cidade sem árvores de Nova Iorque.»

VOCÊ PODE CURAR A SUA VIDA (3/5)
CURA DE DOENÇAS – MÉTODO DE LOUISE HAY – III

Inicio agora um ciclo de três crónicas, que vêm na sequência das últimas duas.

Tenho a perfeita noção que este assunto pode provocar polémica e não ser do consenso dos ouvintes.

O que eu pretendo é dar a conhecer o método que a norte-americana Louise Hay refere no seu livro 'Você pode curar a sua vida' e que ela mesma usa para tratar os seus pacientes.

Nesta e nas próximas duas crónicas vou pois falar de doenças, das suas causa e do seu tratamento segundo Louise Hay.

Não é minha intenção que isto seja um exemplo rigoroso para quem sofre destas doenças, é tão-só o meu modesto contributo para que estas pessoas, possam ter apenas mais uma opção de tratamento, sem nunca por em causa o acompanhamento do seu médico assistente.

Refere Louise Hay o seguinte:

«Acredito que criamos todas as doenças do nosso corpo, ele, como tudo o mais na vida é um reflexo dos nossos pensamentos e crenças interiores, o corpo está sempre a 'falar' connosco, nós só precisamos de parar para o ouvir, cada célula nossa reage a cada pensamento que temos e a cada palavra que falamos.

Modos continuados de falar e de pensar geram posturas, comportamentos, confortos ou desconfortos no nosso corpo.

A pessoa que tem um rosto sempre sombrio, certamente não criou essa condição, tendo pensamentos alegres e carinhosos, os rostos e

213

os corpos das pessoas idosas revelam claramente os padrões de pensamento de toda uma vida.

Já imaginou qual será a sua aparência quando for idoso?»

A seguir algumas doenças, que, segundo Louise Hay poderão ter sido causadas pela nossa mente inconsciente, em resultado dos nossos pensamentos, palavras e ações mais comuns:

«- Distúrbios nos ouvidos geralmente significam que está a acontecer algo na sua vida que você não quer ouvir ou que existe uma raiva do que está a ser escutado. Dores de ouvido são comuns em crianças, talvez porque geralmente têm de escutar coisas que na verdade não querem ouvir, como repreensões, etc.;
Regra geral as famílias proíbem a expressão da raiva nos filhos menores, logo a mente inconsciente arranja uma estratégia para ouvir menos, por forma a causar menos raiva;
A surdez pode representar uma recusa continuada de ouvir alguém;
Há-de reparar que em casais, quando um usa um aparelho de surdez, o seu cônjuge fala muito.

- Quanto aos olhos, se existem distúrbios há algo que não queremos ver, seja em nós mesmos, seja na nossa vida, presente, passada e futura;
Refere Louise Hay que sempre que vê crianças pequenas a usar óculos, sabe que está a acontecer alguma coisa em sua casa que elas na verdade não gostam ou não querem ver, logo como não podem modificar o que está a acontecer, tornam a vista difusa para não terem de ver essa situação claramente;
Muitas pessoas tiveram curas espantosas na vista quando se dispuseram a voltar ao passado e dissolveram o que não quiseram ver um ou dois anos antes de começarem a usar lentes»

Você que está a ouvir esta crónica é um dos que está a negar o que está a acontecer agora?

É uma pessoa que não gosta de enfrentar ninguém cara-a-cara?

Tem medo de ver o presente ou o futuro?

Se você pudesse ver claramente sem óculos, o que enxergaria que não enxerga agora?

Você pode ver o que está a fazer a si mesmo?

Perguntas interessantes que só cada um poderá responder...

«- Dores de cabeça resultam de falta de autovalorizarão.

Na próxima vez que tiver uma dor de cabeça, pergunte-se em que acha que errou e depois disso, perdoe-se, deixe o erro ir e irá notar que a dor de cabeça se começa a dissolver de imediato.»

VOCÊ PODE CURAR A SUA VIDA (4/5)
CURA DE DOENÇAS – MÉTODO DE LOUISE HAY – IV

Na crónica de hoje a continuação da anterior, as doenças que temos, as causas e os tratamentos, segundo Louise Hay".

«- Quando há problemas no pescoço, em geral estamos a ser teimosos sobre uma situação, refere Louise Hay, diz por exemplo que quando vê uma pessoa a usar colar ortopédico sabe que essa pessoa está convencida do seu ponto de vista sobre uma questão e teima em não ver o outro lado.

- Relativamente à garganta, quando temos problemas neste órgão, em geral significa que não nos sentimos no direito de expressarmos as coisas, garganta inflamada é sempre sinal de raiva, a laringite em geral, significa que está tão bravo que não consegue falar;
A garganta representa o fluxo criativo no nosso corpo, é através dela que expressamos a nossa criatividade, logo quando essa criatividade está sufocada ou frustrada, temos constantemente problemas de garganta, isso acontece também com pessoas que vivem só para os outros, nunca fazendo o que querem, sempre a tentar agradar aos outros.

- Quanto à tosse, pode representar duas situações: resistência e/ou teimosia, ou então que um processo de mudança já está em andamento.

- Relativamente aos dedos, algumas curiosidades interessantes:
Os problemas nos dedos mostram-nos onde nos devemos permitir relaxar e deixar ir;
Por exemplo se cortou o dedo indicador provavelmente existe raiva e medo relacionados com o seu ego em alguma situação atual;
Quanto ao polegar é o dedo mental e representa a preocupação, o dedo médio está relacionado com o sexo e com a raiva, o dedo anelar

está relacionado também com a raiva (quando estiver com raiva segure o dedo anelar e veja-a a dissolver-se, segure o dedo direito se estiver com raiva de um homem e o esquerdo se for de uma mulher), o dedo mindinho está relacionado com a família e com o fingimento.

- As costas representam o nosso sistema de apoio, problemas nas costas geralmente significam que estamos carentes de apoio, a parte superior das costas está relacionada com a sensação de carência de apoio emocional, o meu marido/esposa, namorado, amigo, chefe, não me compreende ou não me apoia;
A zona média das costas está relacionada com a culpa, com tudo o que está atrás de nós, pode significar que temos medo de ver o que está a acontecer ou que estamos a esconder o que estamos a ver;
Relativamente à parte inferior das costas, quando sentimos desconforto nesta zona do corpo, pode ter a ver com problemas de dinheiro.

Agora uma revelação algo polémica que faz Louise Hay, refere esta especialista que um enfisema pulmonar e o tabagismo são modos de negar a vida…
- Diz esta especialista que eles mascaram uma sensação profunda de achar-se totalmente indigno de existir, diz ainda que, admoestações não modificarão o hábito de fumar, pois primeiro é necessário mudar a crença básica que lhe deu origem.

- Úlceras não passam de medo, um medo terrível de não ser bom o bastante, tememos não ser bastante bons para um parente ou superior, não conseguimos engolir o que somos, rasgamos as nossas entranhas para agradar aos outros, nesta situação a nossa auto-estima é muita baixa.
O remédio mais importante para combater uma úlcera é amar-se, pessoas que se amam a si mesmas jamais têm úlceras, seja delicado e amoroso com a sua criança interior e dê-lhe todo o apoio e encorajamento que você desejava quando era pequeno".

-Quando não nos sentimos à vontade na nossa pele de homem ou de mulher, quando rejeitamos a nossa sexualidade, quando rejeitamos o nosso corpo por considerá-lo pecaminoso, frequentemente temos problemas na ária genital.

Problemas de bexiga, ânus, próstata, etc., têm origem nas crenças distorcidas sobre os nossos órgãos genitais e no valor das suas funções.»

VOCÊ PODE CURAR A SUA VIDA (5/5)
CURA DE DOENÇAS – MÉTODO DE LOUISE HAY – V

Na crónica de hoje a terceira e última crónica sobre o tratamento de doenças, segundo Louise Hay.

«- Cada órgão do nosso corpo é uma magnífica expressão de vida com a sua própria e especial função, certamente não pensamos no nosso fígado ou nos nossos olhos como sendo sujos e pecaminosos, porque então escolhemos acreditar que os nossos órgãos genitais o são? O ânus é tão belo como o ouvido por exemplo sem o ânus não teríamos como expelir aquilo que o nosso corpo não precisa mais e morreríamos muito rapidamente… cada parte, cada órgão do nosso corpo é perfeita e normal, com a sua beleza natural…

- A pele representa a nossa individualidade, problemas de pele geralmente significam que achamos que a nossa individualidade está a ser ameaçada de alguma forma, sentimos que outros têm poder sobre nós, um dos meios mais rápidos de curar problemas de pele é se nutrir dizendo mentalmente centenas de vezes por dia: "- eu me aprovo" e retome o seu próprio poder.

- Quanto aos acidentes que nos acontecem, refere Louise Hay que acidentes não são acidentes e explica o que quer dizer com isto: como em tudo o que nos acontece na nossa vida nós também criamos os acidentes, não é que pensemos ou digamos em voz alta 'quero sofrer um acidente', mas o facto é que temos padrões de pensamento que podem atrair acidentes para nós;
Já reparou que há pessoas que parecem ter tendência para acidentes, enquanto outras passam a vida inteira sem nem mesmo um arranhão?
Este acidentes podem representar que estamos com raiva de nós mesmos, que nos sentimos culpados, que achamos que merecemos castigo, quando a nossa mente acredita fortemente nisto, somos

capazes de criar um acidente que, para a nossa mente, é um meio formidável de lidar com tudo isto;

Ou seja, na aparência fomos vítimas indefesas do destino, mas um acidente pode-nos permitir recebermos compaixão e atenção, termos os nossos ferimentos tratados e ficarmos de cama, às vezes por um longo tempo e mais, ganhamos a dor que queríamos como castigo;

Curioso é que o ponto do corpo atingido no acidente, pode dar-nos uma pista da área da nossa vida em que nos sentimos culpados e o grau de ferimento indica com qual a severidade com que achávamos que deveríamos ser punidos e qual a duração da sentença.

- A anorexia/bulimia é negar a vida a si mesmo, é uma forma extrema de ódio contra o próprio eu.

Porque negaria a nutrição a si mesmo? Por querer morrer. O que está a acontecer na sua vida, e que é tão terrível a ponto de você querer sair dela? Lembre-se que o ódio contra si próprio é apenas um pensamento que tem sobre si mesmo e, como pensamentos que são podem ser mudados;

Estes problemas também podem ter origem na obsessão da indústria da moda com a magreza e muitas mulheres já têm como mensagem principal: 'não sou boa o bastante, o que adianta', nesta situação irão usar o seu corpo como o alvo do seu próprio ódio e a um nível qualquer estão a dizer que 'se eu fosse bem magra, eles me amariam e me aceitariam', isso porém é uma ideia que não a vai levar a lado nenhum;

Nada funciona de dentro para fora, as chaves do equilíbrio são a auto aprovação e a autoaceitação.

- Queimaduras, bolhas, cortes, febres, chagas, inflamações diversas, são indicadores de raiva a expressarem-se no corpo, a raiva acha sempre uma forma de se expressar, não importa que tentemos reprimi-la. Tememos a nossa raiva por medo de destruirmos o nosso mundo, no entanto ela pode ser libertada com esta simples afirmação: "estou com raiva disto", é como acontece com uma caldeira que deixa sair o excesso de vapor para não explodir, claro que nem sempre

podemos dizer isso para as pessoas que nos estão mais próximas, mas podemos sempre socar uma almofada, gritar ao ar livre num descampado, ou fazer desporto. Acredite que estes são meios inofensivos de libertar fisicamente a raiva.»

Encerro aqui este ciclo de três crónicas sobre o método de Louise Hay para tratamento de algumas doenças, outras doenças estão relatadas no livro, quem quiser tomar conhecimento de todas as doenças referidas por Louise Hay, poderei disponibilizar gratuitamente o e-book.

TENHO DE PREOCUPAR-ME?!!!

Todas as nossas reações são o resultado das aprendizagens que fomos adquirindo ao longo da nossa vida e tornaram-se nos nossos hábitos diários que executamos de forma automática e sem que deles tenhamos um controle efetivo ou consciente.

Todos estes hábitos ou reações automáticas que temos, incluindo também a reação do nosso corpo às doenças, podem ser substituídos por outros, é tão-só necessário que comecemos desde já a treinar outros hábitos que sirvam melhor os nossos interesses.

Certamente o ouvinte já se viu perante uma determinada situação, em que o seu comportamento normal e automático, o deixou com más sensações, por exemplo quando precisou de abordar aquela pessoa especial, em que as palavras não saíram ou então sentiu tanto medo que não conseguiu dizer uma palavra...

Sabe porque é que isso aconteceu? Aconteceu porque treinou na sua mente muitas vezes esse medo, logo essa reação tornou-se um hábito automático, que lhe vai aparecer sempre que enfrentar uma situação idêntica, pois na sua mente inconsciente está um programa de comportamento automático que lhe indica que 'só pode' reagir dessa maneira, pois já reagiu assim em situações idênticas anteriormente.

Agora imagine que, se em vez de ter criado esse medo tivesse criado e treinado uma emoção de confiança, de boa disposição, etc., para aquela mesma situação?! Consegue imaginar como seria diferente a sua vida nessa e noutras situações?

Como ouvi recentemente: '- isto não está bom, o que queres que eu faça tenho de preocupar-me, já não durmo bem, ando a tomar comprimidos'.

Se calhar esta é uma reação cada vez mais normal em muitas pessoas nos tempos que correm e porque é que isto acontece?

Talvez porque nos ensinamentos e aprendizagens que recebemos foinos ensinado, que em alturas de crise, é 'nossa obrigação preocuparnos', é 'nossa obrigação termos medo do futuro'.

Agora deixo aqui uma pergunta: 'qual será o ensinamento que fará com que uma pessoa lide melhor com aquela mesma situação e tenha melhores sensações? Será uma emoção de medo e preocupação do futuro, ou será uma emoção de motivação e confiança para fazer mais e melhor?

Não acha o ouvinte que, se por exemplo em momentos de crise, como a que estamos a atravessar, nos fosse passada uma mensagem de confiança e motivação, não acha que a 'nossa obrigação' já não seria a de termos medo do futuro', mas já seria de confiança e motivação?

O mais importante nestas situações não é tanto avaliar que tipo de reação deveremos ou não ter em situações como a que atravessamos é sim 'obrigarmo-nos' a nós mesmos a termos emoções que nos tragam boas sensações, sob pena de não as tendo, transmitirmos essas mesmas emoções ao nosso organismo, que por sua vez irá reagir sob a forma de más sensações como, não dormir, stress, irritação, que por sua vez irão dar origem a várias doenças.

É sempre bom ter em conta que não podemos controlar tudo à nossa volta, apenas pudemos controlar aquilo que depende de nós, apenas podemos garantir que damos o melhor de nós mesmos, não nos podemos culpabilizar por fatores externos que não dominamos, nem controlamos, se tivermos sempre isto em mente, certamente teremos sensações mais confortáveis que nos vão aliviar e permitir termos uma qualidade de vida muito melhor.

Como alguém disse, a preocupação é o conjunto de duas palavras: 'pré' e 'ocupação', que mais não significa do que uma ocupação da mente antes do tempo, por isso desnecessária e ainda mais porque a mente vai estar ocupada com maus pensamentos que fazem com que seja iniciado um ciclo que começa com más sensações, mal-estar e por fim a doença.

Por fim deixo aqui um repto aos nossos ouvintes: vejam quais foram as suas preocupações do mês passado, ou mesmo de há um ano ou ainda antes. Se calhar agora verifica que os seus maiores receios e preocupações eram infundados, verifica que se calhar, aquele tempo todo que carregou consigo toda aquela preocupação e medo não tinham razão de ser, se calhar agora vê que se se tivesse libertado de toda aquela preocupação e medo teria tido uma qualidade de vida muito melhor.

O QUE SIGNIFICA FRACASSO?

O que significa fracasso?...

Se calhar alguma coisa que não saiu da forma como queríamos ou como esperávamos, no entanto a lei da experiência é sempre perfeita, o que pensamos criamos com perfeição, logo se não nos sentimos bem com o que acabamos de criar na nossa experiência, talvez uma crença interior nos diga que não merecemos o sucesso, ou que somos indignos dele.

Existe um ditado que diz: 'se você não for bem-sucedido no início, tente, tente de novo', todavia isto não significa criticarmo-nos e tentar novamente da mesma forma, que não deu certo mas sim reconhecer o erro e procurar fazer diferente, até aprender a forma correta de fazer.

Quando uma criança está a aprender a caminhar ou a falar, ela é incentivada e elogiada a cada pequenino avanço que consegue, e ela vai reagir com alegria e vai tentar para a próxima fazer de novo e com mais motivação.

Quanto a nós, será que é assim que nos elogiamos quando estamos a aprender algo de novo?... ou será que tornamos tudo mais difícil de aprender porque nos dizemos a nós mesmos que somos burros, desajeitados, etc..

Lembre-se, somente com a prática podemos aprender o novo e transformá-lo numa parte natural de nós, quando observamos um exímio profissional a atuar numa determinada área, devemos lembrar-nos que estamos a olhar para inúmeras horas de treino e persistência, devemos sempre lembrar-nos que aprender é cometer erros, até que a nossa mente inconsciente junte as peças para formar o quadro correto.

Se não aceitarmos a ideia de que merecemos prosperar, vamos acabar por recusar a abundância mesmo que ela caia no nosso colo.

«Sempre que te aconteça alguma coisa contrária à tua expectativa, diz a ti mesmo que o teu guia superior, qualquer que ele seja, tomou uma decisão superior!... Acredita que com esta disposição de espírito, nada irás temer.

Este estado de espírito consegue-se olhando para os filhos, a mulher, ou os bens que temos, como algo que não possuiremos para sempre, e assim vamos evitar imaginarmo-nos mais infelizes um dia que deixemos de os possuir.

Será a ruína do espírito andarmos ansiosos pelo futuro, desgraçados antes da desgraça, sempre na angústia de não saber se tudo o que nos dá satisfação nos acompanhará até ao último dia... assim, nunca conseguiremos repouso e, na expectativa do que há-de vir, deixaremos de aproveitar o presente.

A dor por algo perdido ou o receio de o vir perder, são situações equivalentes que se nada fizeres te vão fazer sofrer. Isto não quer dizer que te esteja incitando à apatia! Pelo contrário, procura evitar as situações perigosas; procura prever tudo quanto seja previsível; procura conjeturar tudo o que pode ser-te nocivo muito antes de que te suceda, para assim o evitares.

Para tanto, ser-te-á da maior utilidade a autoconfiança, a firmeza do ânimo, que te apta a tudo enfrentares.

Quem tem ânimo para suportar a fortuna é capaz de precaver-se contra ela; mas nada de angústias quando tudo estiver tranquilo!

O cúmulo da desgraça e da estupidez está no medo antecipado: que loucura é esta ser infeliz antecipadamente?

Em suma, os homens que, à força de se preocuparem, só conseguem fazer mal a si próprios: tanta falta de moderação eles mostram, tanto em plena desgraça como antes dela!»

O SENTIDO DE HUMOR DA NOSSA MENTE INCONSCIENTE!

A nossa mente inconsciente não tem sentido de humor.

Esteja atento a tudo o que diz e a tudo o que pensa, pois vai ser tudo isso que a sua mente vai executar em si, como se de um empregado se tratasse, que está ao seu serviços 24 horas por dia para o servir, de acordo com o que disser ou mesmo de acordo com o que pensar, acredite que para a sua mente, não é preciso dizer ou pensar duas vezes a mesma coisa.

Conto a seguir um exemplo que Louise Hay dá de um seu aluno.

Este aluno estava a trabalhar uma técnica que Louise Hay lhe havia ensinado para prosperar, então conta ela que numa certa noite ele chegou à aula todo entusiasmado pois acabava de ganhar 500 dólares e disse: '- mal consigo acreditar! nunca ganho nada!'.

Refere Louise Hay, que viu logo que lhe faltava um reflexo da consciência que ele tentava mudar, ou seja, o seu aluno ainda não acreditava que realmente merecia o dinheiro... Conta ainda que na semana seguinte, o seu aluno não pode vir à aula porque havia fraturado uma perna e a conta do ortopedista foi exatamente de 500 dólares.

Explica que ele ficou com medo de ir em frente numa nova e próspera direção, por não se achar merecedor desse dinheiro, de modo que a mente inconsciente dele arranjou esta forma de se não sentir próspero.

Diz Louise Hay, que 'congratulações são presentes de prosperidade, aprenda a aceitá-las com graciosidade, mas ainda mais importante do que aceitar as congratulações que nos são dirigidas é retribuí-las a quem no-las faz'.

233

Temos relações com tudo o que nos cerca, as relações que temos com objetos, alimentos, clima, transportes e com as pessoas refletem o relacionamento que temos com nós mesmos, e este, por sua vez, é grandemente influenciado pelos relacionamentos que tivemos quando éramos crianças e que tivemos com os adultos que então nos cercavam.

Pense por um instante e se calhar as palavras que usamos agora quando por exemplo estamos a repreender alguém, são as mesmas que os nossos pais usavam quando nos censuravam e quando nos elogiavam.

Pode até ser possível que os nossos pais nunca nos tenham elogiado, de modo que agora podemos pensar que não temos nada digno de ser elogiado, com isto não quero de maneira nenhuma dizer que os nossos pais, de não nos darem ou ensinarem o melhor, no entanto eles não poderiam ensinar-nos algo que não conheciam.

As relações que temos são espelhos de nós mesmos.

O que atraímos reflete as nossas qualidades ou as nossas crenças sobre relacionamentos, isto conta também para colegas, amigos, empregados ou filhos, por exemplo, nós não as atrairíamos ou não as teríamos nas nossas vidas se elas de certa forma não nos completassem.

Quantas vezes já dissemos por exemplo 'eu sou assim mesmo' ou 'isto acontece-me sempre', estas frases na realidade estão a dizer-nos que é mesmo isto que estávamos à espera que nos acontecesse e depois ficamos surpreendidos e com más sensações quando essas coisas nos acontecem.

Por exemplo se você é uma daquelas pessoas que relativamente à 2ª feira diz expressões como: '- custa tanto levantar da caminha à 2ª feira' ou por exemplo quando chove tem expressões do tipo '- que dia miserável este', ou outras expressões do género, como acha que se irá sentir nesses dias?

Acredite que não é por proferirmos estas afirmações que o nosso dia irá mudar, antes pelo contrário, pois na nossa mente já está a convicção de que esse dia não irá ser bom, logo a nossa mente inconsciente já vai estar preparada e programada para reagirmos de mau humor a esse dia.

No entanto se a nossa crença por exemplo de que a segunda-feira, ou um dia de chuva, for de que são dias normais como muitos outros por que passámos, ou que até pode ser uma dia melhor do que outros, vamos desde logo encarar este dia com uma melhor predisposição e com isto vamos passar a encarar os problemas do dia-a-dia com mais força, pois vamos estar com a nossa auto-estima mais elevada.

METÁFORAS – I

O tema de hoje é sobre as metáforas ou contos e porque é que são geralmente aplicadas em hipnose clínica, com resultados bastante positivos.

As metáforas tendem a atuar num nível inconsciente, 'contornando' assim as resistências da mente consciente poderia colocar.

Milton Erickson acreditava que as mudanças significativas ocorriam ao nível da mente inconsciente e que as metáforas permitiam um trabalho mais direto com esta parte da nossa mente.

Parece haver uma correlação entre o que Erickson chamava de inconsciente e o que os neuro-psicologistas chamam de hemisfério não-dominante (hemisfério direito).

O hemisfério direito está destinado ao processamento artístico, à criatividade, aos sonhos, etc., sendo que as metáforas vão ser processadas pelo hemisfério direito, o que ajuda o paciente a libertar toda a sua própria criatividade.

Numa metáfora a linguagem não é a experiência, é sobre a experiência, a linguagem em si é uma metáfora e é uma representação dessa experiência.

As palavras tornam-se símbolos para partes da experiência sensorial.

Quando usamos a linguagem, toda a teoria, independente de quão científica for, torna-se uma metáfora, ou seja, torna-se uma representação simbólica, que sem ser imposta, vai permitir ao paciente visualizar à sua maneira e ao seu 'ritmo' estas 'histórias'.

A metáfora pode ser usada como uma 'ferramenta' no processo terapêutico por várias razões:

-1ª: A metáfora é uma técnica não manipulativa, ou seja, no uso das metáforas o terapeuta não impõe uma interpretação, ao invés disso, vai permitir que o paciente extraia o seu próprio significado, consignando os seus próprios valores pessoais àquela história;

-2ª: No processo de compreensão da metáfora, o paciente vai adotar uma orientação interna; isto é, vai para dentro de si mesmo e usa as suas próprias experiências de vida para dar sentido à história. Muitos processos terapêuticos incluem a introspeção como uma 'ferramenta' primária. Este processo vai permitir desde logo ao paciente começar a confiar em si mesmo e nos seus próprios recursos;

-3ª: A metáfora é usualmente analisada tanto consciente como inconscientemente, contudo, o seu principal valor como intervenção terapêutica é o de ajudar o cliente a conectar-se aos seus recursos inconscientes.

A mente inconsciente é um vasto depósito de experiências e aprendizagens que podem ser usadas para conseguir as mudanças desejadas.

Para assegurar a eficácia de uma metáfora, há um número de condições de boa formulação envolvido na sua construção, que abordarei numa próxima crónica.

METÁFORAS – II

Como ouvimos na crónica anterior, uma das formas mais eficazes para transmitir sugestões em hipnose clínica é através de metáforas, pelas razões que apontei.

Para o ouvinte ter uma noção mais concreta de como se elabora uma metáfora e porque é que esta forma de transmitir sugestões em hipnose clínica é realmente eficaz, passo a referir cinco situações que terão de ser tidas em conta na sua elaboração, para que esta 'história' tenha o efeito desejado.

Na construção da metáfora, terá de existir um símbolo que seja equivalente a cada acontecimento ou problema apresentado pelo paciente, esta é uma das condições designada por *isomorfismo*.

Também terá de se ter em conta o *espaço semântico*, que mais não é do que a área geral de conteúdo que será usada na metáfora.

Alguns exemplos de espaços semânticos são: histórias de animais, ficção científica, contos de fadas, um incidente da infância, história de um outro paciente, um amigo e crianças.

As possibilidades de espaços semânticos são muitas.
Ao escolher o 'espaço semântico' o paciente deve-se 'sentir-se' familiarizado, devendo algumas características do paciente ficar bem explícitas, como por exemplo a sua idade, os seus interesses, talentos, etc. .

Na hipnose com crianças, esta é uma das áreas que terá de ser muito bem elaborada pelo hipnoterapeuta , pois além de permitir criar desde logo empatia com a criança (até porque a história da metáfora se vai desenrolar no 'mundo e na linguagem da criança'), vai permitir obter o 'raport' necessário e imprescindível para criar uma 'história' credível para a criança e em que ela se identifique e se sinta dentro do 'seu mundo'.

Terá também de se ter em conta na elaboração de uma metáfora a *conquista de objetivos*.

Em todas as técnicas terapêuticas a conquista de objetivos é um aspeto importante, pois muitos pacientes vêm à terapia com um objetivo específico ou mudança em mente.

O terapeuta deve entender o objetivo e construir a metáfora de tal maneira que seja eficaz na ajuda ao paciente no processo de conquistar o objetivo.

A primeira parte da metáfora deve espelhar e acompanhar o paciente no seu modelo de mundo e, à medida que se desenvolve, deve conduzir o paciente em direção à conquista do seu objetivo.

Quanto ao acesso a recursos, em alguns casos, esses recursos podem ser específicos como o relaxamento, a autoconfiança ou assertividade, no entanto, eles podem também ser mais gerais, como tomar decisões ou conseguir a habilidade para resolver problemas.

É útil incorporar um acesso ao inconsciente na secção de recursos da metáfora, tal como ter um sonho que ocorre dentro da história. O estado de sonho é considerado como um arquétipo para o processo inconsciente.

A metáfora, muitas vezes é feita para ensinar o paciente a confiar e a apoiar-se nos seus próprios recursos, como a intuição, o conhecimento tácito, a integração das partes internas e o uso dos aprendizados passados.

Além disso, para ganhar acesso a recursos internos, uma metáfora pode facilmente ajudar um paciente a utilizar recursos externos, como os de outra pessoa, livros, cursos etc. .

E por último é necessário fazer a ponte ao futuro, que mais não é do que fazer com que o paciente tenha uma imagem futura positiva da sua situação, conseguida através dos recursos que adquiriu através das aprendizagens inconscientes e dos recursos adquiridos através da metáfora.

AS COISAS NÃO SÃO BOAS NEM MÁS!

Na crónica de hoje começo com uma citação de William Shakespeare: 'as coisas não são boas nem más, a nossa mente é que faz com que sejam'.

Uma das faces mais significativas da nossa mente é a influência das nossas noções preconcebidas sobre nosso modo de ver, interpretar e consequentemente atuar diante de determinados estímulos ou eventos.

Por exemplo, uma pessoa que não confia nas demais, se calhar é porque não confia em si mesma.

Uma pessoa que tem medo do escuro é porque associa elementos negativos a ele, ou seja, são as nossas opiniões e crenças que atetam o modo de ver e interpretar os acontecimentos, e de termos sensações boas ou menos boas a manifestarem-se no nosso organismo.

Por exemplo a dor é um sinal indispensável para proteger o organismo, serve para indicar que existe alguma coisa no organismo que não está bem e que é preciso tratar.

No caso de se retirar uma dor sem se ter em conta a sua origem, tal poderia fazer com que se estivesse a camuflar o problema que deu origem a essa dor, por isso devemos considerar as nossas dores, como sinais de que há alguma coisa que não está bem e que é preciso tratar.

A hipnose clínica é um meio muito eficaz para aliviar a dor crónica, como por exemplo de artrose, pois vai possibilitar não só uma melhor qualidade de vida, através do alívio da dor e com isso permitir que a pessoa se possa deslocar mais facilmente (o que também vai contribuir para o tratamento).

Quanto à obesidade, a maioria das pessoas obesas comem quando não sentem fome, comem porque estão aborrecidas, deprimidas ou chateadas.

O hipnoterapeuta pode descobrir algumas razões que estimulam a pessoa a comer excessivamente e criar sugestões apropriadas.

Algumas sugestões úteis que deve fazer a si mesmo, se pretende emagrecer, são: '- sinto-me bem e como apenas quando tenho fome';

'- Se estou chateado ou aborrecido, sei como expressar as minhas emoções, cada dia desfruto mais dos alimentos... gosto do meu corpo e como apenas quando tenho fome'.

Relativamente ao parar de fumar, é importante incluir sugestões positivas durante a sessão de hipnose por exemplo: '- de agora em diante estará *livre* para respirar ar, se alguém lhe oferecer um cigarro ou se eu vir um maço, vai-se sentir orgulhoso por não fumar, por estar a cuidar mais de si, sente-se cada vez mais e melhor o sabor dos alimentos, tem orgulho de si mesmo'.

Quanto ao *medo*, ele é um mecanismo de autoproteção.
É indispensável ter medo de cobras venenosas, mas o medo de todo tipo de cobras em qualquer circunstância, com reações fisiológicas exageradas que nos paralisam, transforma-se numa fobia.

 A hipnose pode ajudar a pessoa a dessensibilizar esse medo ou fobia.

Através de uma exposição gradual a esse medo, mas agora sob um estado de relaxamento profundo e sem a carga emocional que provocou a fobia, o que vai fazer com que agora o paciente veja essa situação de uma forma mais distanciada, o que vai permitir que o paciente compreenda essa fobia de uma maneira diferente e mais saudável para si, acabando esse medo por desaparecer, por já não fazer sentido para a mente do paciente.

Outra maneira seria utilizar sugestões diretas como: '- estarei tranquilo, a minha respiração será totalmente tranquila, quando vejo uma cobra inofensiva, minha respiração continua tranquila, consigo me aproximar e, se quiser, posso tocá-la'.

VIBRAÇÃO ENERGÉTICA

Uma das Lei da energia é a seguinte: 'toda a energia de uma determinada qualidade ou vibração tende a atrair energia da mesma qualidade e da mesma vibração'.

Do ponto de vista físico tudo e todos nós é energia.

Somos pois parte de um todo que integra um imenso campo de energia, os objetos que percecionamos como sendo sólidos e distintos, na verdade não são mais do que formas diferentes dessa energia, que todos temos em comum.

Ou seja, no mais ínfimo, todos juntos somos um só, no sentido literal e puramente físico, no entanto à nossa vista esta energia aparece-nos sólida e sob várias formas físicas, só porque a energia de que são compostas essas coisas, vibra a velocidades diferentes, o que lhes confere também qualidades diferentes, da mais subtil à mais densa.

Também o nosso pensamento no mais ínfimo pormenor é também energia, no entanto porque o pensamento é composto por uma energia subtil e leve, pode mudar rápida e facilmente, em comparação com as coisas e objetos que nos aparecem como sendo sólidos.

Essas coisas e objetos que aos nossos olhos nos aparecem como sendo sólidos, são constituídas por energia mais densa e compacta, transformando-se e deslocando-se mais lentamente.

Quer a energia de que são constituídos os objetos físicos, quer a energia de que são compostos os nossos pensamentos, vibra também a velocidades diferentes.

Assim o simples facto de ter uma ideia ou um pensamento e de o manter presente na sua mente, vai mobilizar uma energia da mesma qualidade e vibração, que vai atrair e criar a forma correspondente sob o plano material ou físico.

Por exemplo se pensar constantemente na doença, irá mobilizar uma energia que vai atrair para si, sensações, coisas e acontecimentos que contenham a mesma vibração e qualidade de energia.

O contrário, também se verificará, ou seja se pensar constantemente que é saudável, a energia que vai atrair para si, vai ser de coisas, pessoas ou acontecimentos que tenham a mesma qualidade e vibração energética.

Este processo de mudança não se produz de uma forma automática, com base apenas num pensamento positivo, implica também a descoberta e a modificação das nossas atitudes básicas mais profundas em relação à vida.

No decorrer deste processo podemos passar a descobrir áreas nas quais nos inibimos ou limitámos, porque os nossos medos e conceitos negativos nos fecharam as portas à satisfação e à plenitude… quando percebermos claramente essas atitudes restritivas poderemos utilizar técnicas diversas como a visualização criativa para as eliminar ou reprogramar, para que possamos reencontrar e viver o nosso estado natural de grande felicidade, de realização, bons relacionamentos, etc. .

Com a prática da visualização criativa, que mais não é mais do que sonhar no estado consciente, associada à hipnose clínica, ou mesmo só à auto-hipnose, vai ser uma ferramenta, que com a prática constante pode fazer da nossa vida um maravilhoso momento de criação deliberada e permitir-nos escolher a cada momento a melhor, a mais bela e a mais completa das existências que possamos imaginar.

MEDITAÇÃO

O que é a meditação?

A meditação pode caraterizar-se como a arte ou a técnica de serenar a mente, ou se quiser, de controlar o 'diálogo" incessante que normalmente assola a nossa consciência ou a habilidade de nos escutar-nos a nós próprios e de nos permitirmos ouvir o silêncio.

No sossego duma mente silenciosa, a pessoa que medita começa a transformar-se num observador, que atinge um grau de distanciamento, que faz com que se venha a aperceber da existência de um nível mais elevado de consciência.

As pressões do mundo moderno parecem intrometer-se constantemente nas nossas vidas diárias, mesmo os momentos de descontração e prazer são interrompidos por tensões e exigências crescentes que nos deixam perdidos e confusos.

Sob o peso do stress, o corpo físico funciona num estado de alerta máximo, desencadeando uma grande variedade de reações fisiológicas, como por exemplo o stress, que por sua vez vai originar uma tensão generalizada dos músculos do corpo, que é a causa de muitos desconfortos e doenças.

Por exemplo o medo, que é um problema frequente nos dias que correm, também faz com que nos sintamos forçados a agir para nos protegermos.

Por tudo isto, é cada vez mais difícil estamos em sintonia com a nossa verdadeira essência, sem que os 'ruídos' deste tempo nos desviem do nosso propósito.

Felizmente a prática da meditação ajuda-nos a purificar a nossa mente, liberta-nos do stress, de pensamentos indesejados, de fragmentos e ecos do mundo exterior, que são fatores que perturbam a nossa mente consciente.

A meditação torna a nossa mente mais sensível a tudo o que é realmente importante e os seus benefícios vão muito além do estado meditativo em si, embora nunca seja demais salientar que a meditação é, em si e por si própria, muito benéfica para a saúde.

Quanto mais profundo for o nível que atingirmos na meditação, mais nos afastamos do estado de consciência quotidiana que alberga frustrações, stress, ansiedade e preocupações e mais nos aproximamos do nosso Eu superior.

É muito fácil ficarmos enredados em problemas e dificuldades, há dias em que nos sentimos encurralados, como se não conseguíssemos andar com a nossa vida para a frente, acredite que começará a sentir os efeitos positivos, se dispuser de 20 minutos por dia, todos os dias para praticar meditação.

Como meditar?

Muito simples, à semelhança do que acontece por exemplo com a hipnose clínica, comece por se sentar ou deitar confortavelmente, feche os olhos e pura e simplesmente descontraia-se e relaxe os músculos e concentre-se por exemplo na sua respiração identificando as partes tensas do seu corpo e ordene que fiquem relaxadas.

Em seguida, envie esta mensagem ao seu corpo: '- está tudo bem, está tudo em paz, descontrai-te e relaxa todos os músculos a cada expiração e cada vez mais'.

Dê a ordem e permita que os pensamentos soltos se afastem lentamente de si e peça à sua mente para impedir a entrada das vozes que geralmente ecoam na sua mente.

Lembre-se que a nossa mente humana é um mistério maravilhoso, uma obra-prima criativa que nos pode transportar aos píncaros da alegria ou arrastar-nos para o fundo do poço da tristeza. O ato de meditar permite eliminar as distrações relativas ao passado e ao futuro e abre a porta à paz interior e à saúde no presente.

A meditação vai fazer-nos relembrar a verdadeira dimensão das coisas, o que é ou não importante nas nossas vidas e pode permitir-nos tomarmos consciência de um súbito conhecimento ou solução que até aí não nos tínhamos apercebido ou talvez agora consigamos ver com mais clareza a solução para aquelas situações problemáticas, como se alguém tivesse acendido uma luz num quarto escuro, isto porque estamos num estado diferente (de relaxamento) daquele que normalmente estamos quando estamos na busca dessas soluções.

A ARTE DE NÃO ADOECER

Na crónica de hoje: 'A arte de não adoecer', um texto de Drauzio Varella, que revela como os nossos comportamentos podem dar origem às mais variadas doenças, neste texto, refere sete comportamentos que devermos ter em conta para manter uma boa saúde, ou se não quiser adoecer o que deve fazer.

«-1º: Se não quiser adoecer tome a decisão.
A pessoa indecisa permanece na dúvida, na ansiedade e na angústia, a indecisão acumula problemas, preocupações e agressões. A história humana é feita de decisões, mas para decidir é preciso saber renunciar, saber perder vantagem e valores para ganhar outras coisas com mais significado. As pessoas indecisas são vítimas de doenças nervosas, gástricas e problemas de pele.

-2º-Se não quiser adoecer busque soluções·
Pessoas negativas não vêm soluções e aumentam os problemas, preferem a lamentação, a murmuração e o pessimismo… é melhor acender o fósforo do que lamentar a escuridão. Lembre-se que pequena é a abelha, mas produz o que de mais doce existe. Somos o que pensamos, o pensamento negativo gera energia negativa que se transforma em doença.

-3º: Se não quiser adoecer fale dos seus sentimentos·
Emoções e sentimentos que são escondidos e reprimidos acabam em doenças como: gastrite, úlcera, dores lombares e dores na coluna. Com o tempo a repressão dos sentimentos degenera até em cancro. Vamos então desabafar, vamos confidenciar, vamos partilhar nossa intimidade, os nossos segredos, até mesmo os nossos pecados. O diálogo, a fala, ou a palavra, são um poderoso remédio e uma excelente terapia.

-4º: Se não quiser adoecer não viva de aparências.
Quem esconde a realidade finge, faz pose, quer sempre dar a impressão que está bem, quer mostrar-se perfeito, bonzinho etc., mas está acumulando toneladas de peso como uma estátua de bronze, mas com pés de barro. Nada é pior para a saúde do que viver de aparências e fachadas, estas são pessoas com muito verniz e pouca raiz e o seu destino é a farmácia, o hospital e a dor.

-5º: Se não quiser adoecer aceite-se.
A rejeição de si próprio, a ausência de auto-estima, faz com que sejamos algozes de nós mesmos. Sermos nós mesmos é o núcleo de uma vida saudável. Os que não se aceitam são invejosos, ciumentos, imitadores, competitivos, destruidores. Aceitarmo-nos, aceitarmos ser aceites e aceitar as críticas é sabedoria, bom senso e terapia.

-6º: Se não quiser adoecer confie.
Quem não confia, não se comunica, não se abre, não se relaciona, não cria liames profundos, não sabe fazer amizades verdadeiras… sem confiança não há relacionamento. A desconfiança é falta de fé.

-7º: Se não quiser adoecer não viva sempre triste.
O bom humor, a risada, o lazer e a alegria recuperam a saúde e trazem vida longa. A pessoa alegre tem o dom de alegrar o ambiente em que vive, 'o bom humor salva-nos das mãos do doutor'. Alegria é saúde e terapia.»

AS AFIRMAÇÕES

As afirmações são um dos elementos mais importantes para mudar a nossa qualidade de vida, afirmar significa 'tornar firme'.

Uma afirmação é pois uma declaração energética positiva de algo que já é, ou se quiser é um meio de tornar firme aquilo que se está a imaginar.

A maior parte de nós não está consciente deste diálogo interno quase contínuo.

A nossa mente ocupa-se a falar para si mesma, a envolver-se em comentários sem fim sobre a vida, sobre o mundo, sobre os nossos sentimentos, sobre os nossos problemas e sobre as outras pessoas, etc. .

As palavras e as ideias que atravessam a nossa mente são muito importantes, mas geralmente não estamos conscientes do seu fluxo contínuo, no entanto esta nossa 'conversa interior' é a base na qual fundamentamos a nossa experiência da realidade.

O nosso comentário mental influencia e dá cor aos nossos sentimentos, às nossas perceções dos acontecimentos da nossa vida e são estas as formas de pensamento que finalmente atraem e criam tudo o que nos acontece.

Podem no entanto existir na nossa mente inconsciente um número considerável de pensamentos que ocupam a nossa mente e que podem mesmo ser registos de velhos 'programas' que influenciam na atualidade a nossa vida, mas que poderão ter tido a sua origem há várias vidas passadas.

Por vezes estes ou outros 'programas' que temos instalados na nossa mente inconsciente podem-nos fazer crer, por exemplo que somos impotentes e incapazes de tomar as rédeas da nossa existência e este sentimento interior de incapacidade pode levar-nos a fazer compensações, realizando grandes esforços e a lutar arduamente para obter um certo grau de controlo e de poder sobre o nosso universo.

Esta pode ser uma das causas para, muitos de nós fixarem objetivos rígidos e ligarem-se emocionalmente a objetos e a indivíduos, como se a sua felicidade depende-se de fatores exteriores, sentimos uma falta no nosso interior e tornamo-nos tensos e ansiosos e caímos sob o jugo do stress, procurando continuamente satisfazer o abismo interior e manipular o mundo exterior a fim de realizarmos os nossos desejos.

É com este estado de espírito que a maior parte das pessoas fixam objetivos e tentam realizar os seus desejos, mas, infelizmente com este nível de consciência, as coisas não funcionam, pois impõem tantos obstáculos ao sucesso que efetivamente não conseguem ser bem-sucedidos, ou se conseguem atingir o que querem, apercebem-se de que isso não lhes dá a felicidade interior que tanto procuraram.

Logo que emergimos deste vazio, desta ânsia de manipulação, a primeira lição a aprender é a de deixar as coisas fluírem... devemos relaxar, parar de lutar, deixar de manipular as coisas e as pessoas, deixar de fazer todos os esforços para tentarmos atingir o que queremos ou necessitamos, isto é, vamos parar de FAZER e experimentar, apenas 'SER' por momentos.

Quando temos consciência que estamos apenas a 'ser', vamos passar a sentir-nos melhor, vamos de facto sentir-nos ótimos, quando aceitarmos simplesmente 'ser' e deixarmos o mundo 'ser', sem procurarmos mudar o que quer que seja.

A ALMA, O ESPÍRITO E AS VIAGENS ASTRAIS

Na crónica de hoje, temas diferentes e especiais, vou aqui falar da 'alma ou espírito', e 'viagens ou projeções astrais' e muito mais.

Estes temas não vão ser tratados sob o aspeto religioso, pelo que, através da vertente religiosa, poderá haver outras interpretações perfeitamente legítimas para estes temas.

Quando dormimos é quando a nossa alma acorda.

A projeção astral ou viagem astral é a faculdade que a alma tem de se projetar para fora do corpo físico durante o sono, mantendo-se ligada ao corpo denso, por meio do cordão de prata.

Basicamente existem dois tipos de projeção: a consciente, em que o projetor ou viajante astral tem discernimento sobre os seus atos e pensamentos e a não-consciente, em que não há lembrança da saída do corpo.

Portanto, todos estamos habilitados a realizar esta prática, pois esta é uma natureza da alma humana, no entanto muitas pessoas costumam achar que isto não é possível.

Acredite que na verdade nós não somos só o nosso corpo, somos muito mais, somos a consciência que habita no nosso corpo.

Quando adormecemos o corpo, diminuímos o metabolismo físico, relaxamos a mente e com isto permitimos que a nossa consciência - que está alojada na alma- se desligue temporariamente e viaje pelos mais diferentes locais nas dimensões extrafísicas.

Podemos viajar na presença dos nossos amigos espirituais e seres de Luz, se estivermos sintonizados em vibrações positivas, quando 'viajamos' na presença deste nossos amigos, acordamos a sentir-nos bem, realizados e felizes com a vida.

Mas nestas 'viagens' podemos também ser acompanhados por espíritos sombrios e até por outros seres encarnados, que estejam também em projeção astral.

No caso deste tipo de assédios, costumamos acordar com diversas sensações ruins, como dores de cabeça, mal-estar, desânimo pela vida, entre outros.

É muito importante ter em conta que a qualidade da nossa 'viagem' depende da condição na qual vamos dormir, devemos preparar-nos para o sono, cuidarmos da sua energia, antes de embarcarmos na viagem da alma e jamais, de maneira alguma, devemos adormecer nutrindo sentimentos de raiva, revolta, vingança e mágoa, porque eles podem ser o elo de ligação entre a nossa alma e os planos mais densos...

Também podemos ficar presos aos nossos corpos por conta da aceleração do metabolismo, provocada por erros na alimentação e, dessa forma, nem sairmos em projeção... isto também acontece também quando estamos hiperativos mentalmente, nestes casos, o que ocorre é que o corpo físico relaxa parcialmente, mas não permite que a nossa consciência se liberte por completo do corpo.

Normalmente, nestas situações, após o período do sono, a pessoa relata que não conseguiu descansar direito e mesmo depois de ter dormido por várias horas, não encontrou uma sensação de plenitude física e mental.

Para ter uma projeção ou viagem astral proveitosa e harmoniosa é necessário adquirirmos o hábito de nos prepararmos conscientemente para o sono, equalizando os nossos pensamentos em elevadas vibrações, purificando o nosso espírito, acalmando a nossa mente e procurando manifestar uma intenção positiva.

OS SONHOS

Segundo Freud 'O sonho é a estrada real que conduz ao inconsciente'.

A nossa vida é composta pelos dias em que estamos acordados e conscientes e pelas noites em que dormimos e sonhamos.

A psique diurna consciente, e a psique noturna inconsciente, apesar de diferentes, completam-se para o que somos e mostramos.

É por meio dos sonhos que estabelecemos uma comunicação com esse lado noturno e em geral desconhecido mas não menos importante.

Se fizéssemos um exame cuidadoso de um sonho, veríamos que a sua configuração não é arbitrária, mas que a sua linguagem é precisa mas na forma simbólica ou metafórica.

À medida que vamos compreendendo estas inter-relações, vamos começar a ver alguma coerência e lógica nos sonhos que temos, vamos começar a ampliar a nossa consciência e a sair do plano da lógica material habitual, para nos abrirmos para o significados das imagens, das emoções, dos símbolos e para os aspetos não-racionais da alma.

É muito importante ter em conta que os sonhos estão relacionados tanto com a nossa saúde psíquica, como com a nossa saúde física.

Corpo e psique estão interligados ou, como diz Carl Gustav Jung : 'a psique e a matéria são aspetos diferentes de um único todo'.

O sonho é a linguagem da nossa alma, as visões, os sons e as sensações que temos durante um sonho, falam por nós enquanto estamos inconscientes, é como se a nossa mente inconsciente nos levasse a um mundo misterioso, que só ela conhece e onde tudo pode acontecer.

Quando dormimos, a nossa consciência experimenta basicamente três padrões principais, que são:

-1º: Sonhos construídos com base nos elementos vivenciados durante o dia:

Neste caso, a pessoa costuma sonhar com situações misturadas, que reúnem elementos confusos e sem lógica racional aparente, como por exemplo entrar por uma porta, andar de avião, etc., e assim por diante, em resumo, nada se liga a nada.

Este tipo de sonho manifesta o padrão mental desorganizado, agitado, tenso, cansado, é a reunião de burburinhos mentais que revelam que a pessoa está a precisar de meditar para desacelerar a mente;

-2º: Recordações de vidas passadas:

Quando os sonhos têm mensagens sempre muito parecidas e afetam o estado emocional da pessoa com grande intensidade, eles dão indícios de ter relação com situações de vidas passadas que afloram durante o sono como uma recordação perturbadora.

São sonhos que carregam geralmente os mesmos elementos, como por exemplo uma guerra, uma perseguição, um abandono ou uma situação específica que a pessoa já sonhou repetidas vezes, podem manifestar com grande probabilidade recordações de vidas passadas;

-3º: Encontros espirituais nas projeções astrais (como ouvimos na crónica anterior):

Quando estamos libertos do corpo físico, podemos, experimentar diversas vivências em várias situações e contatar com outras consciências extrafísicas, de amor ou não, de luz ou não.

Também podemos encontrar parentes e amigos desencarnados, no entanto nestes casos, muitas vezes a pessoa ao acordar não se lembra de nada, mas nas situações em que a memória consegue ter um sonho lúcido, qualquer um pode perceber a nitidez e a riqueza de detalhes na qual a experiência aconteceu.

E por hoje não há tempo para mais sonhos, espero que o tema de hoje o tenha despertado a ter sonhos bons.

PODER DA MENTE SUPERA GENES – PARTE I

Será que o ouvinte é um dos que acredita que os seus genes determinam quase de forma definitiva por exemplo as reações do seu corpo ou mesmo as doenças de que padece, que acredita que é inevitável vir a sofrer da mesma doença dos seus pais, sem que haja nada que possa fazer para reverter essa situação?

A seguir transcrevo excertos de um texto publicado por *Ana Elizabeth Diniz* no jornal brasileiro 'O Tempo' no passado dia 22 de Janeiro, com o título 'Poder da mente supera genes', no qual esta investigadora comenta o livro do biólogo americano *Bruce Lipton*.

Começa assim:

«A epigenética vai mudar o sentido da civilização e salvar-nos dos excessos.

Esqueça o determinismo genético, aquela velha ideia de que o nosso destino está indelevelmente escrito nos nossos genes.

A herança genética é um conceito ultrapassado, segundo defende Bruce Lipton, biólogo celular e ex-pesquisador da Universidade de Stanford, nos Estados Unidos, ele acredita que a humanidade está no limite de ver surgir uma nova ciência que vai mudar o sentido da civilização e salvar-nos dos nossos excessos.

As suas pesquisas pioneiras sobre a membrana celular foram as precursoras de uma nova ciência, a epigenética, que é o estudo dos mecanismos moleculares por meio dos quais o meio ambiente controla a atividade genética.

Esta descoberta modificou completamente os conceitos científicos sobre a vida. Estas descobertas comprovam que o ADN é controlado pela energia que emana dos pensamentos, o que significa que as nossas projeções mentais influenciam de forma direta a nossa saúde (…).

Lipton sustenta que sob a nossa pele existe uma verdadeira "metrópole" de 50 bilhões de células, cada uma biologicamente e funcionalmente equivalente a um ser humano em miniatura.

'A crença de que o ADN controla os atributos passados através da herança familiar, incluindo enfermidades disfuncionais como o câncer, o Alzheimer, o diabetes, a depressão, entre outras, coloca-nos como vítimas da hereditariedade', analisa Lipton.

Para ele, desde que os cientistas Francis Crick e James Watson descobriram o código genético em 1953, as pessoas têm lidado com impotência em relação aos seus destinos.

E foi num momento de inquietação, quando pesquisava sobre mecanismos que controlam a fisiologia e o comportamento das células, que Lipton percebeu que a vida de uma célula é controlada pelo ambiente físico e energético em que ela se encontra e não pelos genes.

'Os genes são meros modelos moleculares utilizados na construção das células, dos tecidos e órgãos. O ambiente funciona como uma espécie de empreiteiro, que interpreta e monta as estruturas e é responsável pelas características da vida das células, mas é a consciência celular que controla os mecanismos da vida, e não os genes', explica.»

PODER DA MENTE SUPERA GENES – PARTE II

Na crónica de hoje, a conclusão do resumo do estudo do biólogo americano *Bruce Lipton*, por *Ana Elizabeth Diniz*, relativamente ao poder da nossa mente em alterar a informação contida nos nossos genes.

Continua assim e referindo-se ao mesmo estudo de Bruce Lipton:

«Rutura, de repente, estas pesquisas jogavam por terra paradigmas que haviam norteado não apenas a sua carreira, mas a de toda uma academia: a crença de que a vida é controlada pelos genes.

Aquele momento de descoberta também me abalou porque contrariou todas as minhas crenças de que o meu destino era o de ser uma pessoa infeliz.

Não há a menor dúvida de que nós temos a capacidade de nos apegar a falsas crenças e a defendê-las com unhas e dentes.

O nosso desenvolvido sistema nervoso, aliado a um potente cérebro, é uma prova de que a nossa consciência é muito mais complexa do que o simples 'universo celular', defende este biólogo.

Para ele, quando a mente se concentra em determinado assunto ou objeto, ela capta e sente o ambiente de maneira mais abrangente do que as células que possuem uma consciência mais restrita e reflexiva que a nossa.

A perspectiva desencadeada pela descoberta do biólogo coloca o indivíduo como cocriador da sua realidade.

Os nossos genes ou o nosso comportamento autodestrutivo não são algo definitivo e imutável aos quais estamos presos, as crenças controlam a nossa biologia.

'Esta teoria baseia-se em estudos de clonagem de células, que fazem parte da parede dos vasos sanguíneos.

Esse tipo de célula monitora detalhadamente o ambiente ao seu redor e modifica o seu comportamento com base nas informações que obtém', explica Lipton.

Mas como a mente pode ser mais forte que a programação genética?

'A mente (que é energia) e o corpo (que é matéria) têm constituição semelhante, embora a medicina ocidental venha tentando tratar as duas separadamente há séculos.

A realidade porém mostra que, de um universo quântico o corpo físico pode ser afetado pela mente não material, ou seja, pensamentos, que são a energia da mente, influenciam diretamente a maneira como o nosso cérebro físico controla a fisiologia do corpo', explica.

Para ele, a energia dos pensamentos pode ativar ou inibir as proteínas de funcionamento das células.

Mas isso não quer dizer que basta pensar positivamente que você terá saúde plena e felicidade.

'A mente consciente é a mais criativa e a que gera pensamentos positivos, a mente subconsciente é um depósito de reações e de respostas a estímulos derivados dos instintos e das experiências vividas e mantém sempre o mesmo padrão habitual, emitindo as mesmas respostas comportamentais ao longo da vida', diz Lipton.

Tocado pelo alcance da física quântica e das suas descobertas, o cientista sustenta que 'os médicos deveriam deixar de lado a convicção de que o corpo e seus membros são desprovidos de inteligência e que precisamos de elementos externos para manter a saúde'.

Defende ainda este biólogo que os médicos não deveriam entender o poder da mente como algo inferior, em relação ao poder dos elementos químicos ou mesmo de um bisturi.»

AS NOSSAS DOENÇAS

Quer as nossas reações aos acontecimentos, quer a qualidade ou não da reação do nosso corpo às doenças, depende da ordem que sai da nossa mente inconsciente.

Sempre que perante um determinado acontecimento ou situação, por exemplo ficamos nervosos, a nossa mente inconsciente vai ordenar às células do nosso organismo para reagirem de uma determinada forma, que pode ser: aumento da tensão arterial, etc. .

Esta reação do nosso organismo faz com que as células que constituem o nosso corpo, se mobilizem e fiquem em estado de alerta para responder a um ataque do exterior, pois foi essa a informação que lhes foi transmitida pela mente inconsciente.

É bom ter em conta que quando a nossa mente inconsciente sente que há perigo, mobiliza todos os recursos e todas as defesas do organismo para combater esse inimigo e isto implica desgaste e perda de energia.

Ora se esta reação, a princípio pode ser ligeira ou com sensações fracas, com o decorrer do tempo e sempre que numa determinada situação a nossa mente encontre alguma ligação com o primeiro acontecimento que deu origem às primeiras sensações, a reação do nosso organismo vai ser idêntica, no entanto, será cada vez mais forte, cada vez que for repetida.

Ou seja, sempre que para a nossa mente inconsciente haja alguma semelhança com o acontecimento que provocou o primeiro desconforto, vai despoletar a mesma reação no nosso corpo.

Acontece que com o decorrer do tempo a nossa mente inconsciente vai cada vez mais estar focada em encontrar, nas novas situações, cada vez mais pontos de ligação com o acontecimento original que originou o trauma, o que vai fazer com que o paciente entre numa espiral de desconforto, causado pelos mais diversos acontecimentos e cada vez com menor ligação com o acontecimento original que provocou o trauma.

Se não for quebrado este ciclo atempadamente, estes sintomas podem desencadear ataques de pânico generalizados, com a consequente perda de qualidade de vida, que pode ir desde a pessoa manter-se fechada em casa, com medo de ir a qualquer lado, até à manifestação de doenças de carácter depressivo que podem evoluir para problemas ainda maiores.

Para quebrar este ciclo vicioso temos de ir à origem do problema, que foi a primeira reação, ao primeiro acontecimento traumático.

A hipnose clínica vai 'levar' o paciente a reviver o acontecimento inicial que este na origem para que agora e sob um estado de relaxamento profundo e totalmente oposto ao que foi sentido aquando do acontecimento original.

Neste estado vai fazer com que o paciente 'veja' aquele mesmo acontecimento de forma mais distanciada e sem a carga emocional que viveu nessa altura, o que vai fazer com que, agora veja perceba melhor esse acontecimento e as suas reações dessa altura e até possa retirar desse acontecimento algum ensinamento.

Logo que este acontecimento original seja compreendido, aquelas reações negativas, já não terão razão de ser, pois a mente inconsciente vai perceber que aquelas reações já não fazem sentido, pois já compreendeu que esse foi um acontecimento do passada.

O que provoca tanto desconforto e mal-estar é quando queremos reagir de determinada maneira e não conseguimos e não sabemos porquê.

Logo que a nossa mente inconsciente perceba que a nossa reação presente não tem nada a ver com o acontecimento ou situação que estamos a viver nesse momento, mas sim como um acontecimento do passado, nessa altura a nossa mente vai perceber que aquela reação já não tem razão de ser e por isso vai extinguir-se de forma natural e saudável.

EXPEDIENTES DA NOSSA MENTE INCONSCIENTE

Deparei-me nos últimos dias com um sinal de trânsito que, ao invés de indicar o que devemos fazer, indica aquilo que não devemos fazer.

Confesso que fiquei um pouco perplexo quando no final da rua onde vivo e para se entrar na estrada principal, temos forçosamente de seguir pela direita, no entanto o sinal que lá se encontra indica que é proibido seguir pela esquerda.

Poderá estar a pensar o ouvinte, '- mas isso não é a mesma coisa?' Para a nossa mente não e explico porquê:
Porque para a nossa mente nos indicar que não podemos seguir naquela direção, antes terá de executar outras tarefas, nomeadamente:
-1º: Imaginar seguir na direção não permitida (com o perigo de termos de imaginar o que não podemos fazer), pois não podemos ignorar ou negar uma coisa se a não tivermos presente na nossa mente;
-2º: A seguir temos de dar nova ordem à nossa mente que é a de seguir na direção oposta, neste caso pelo lado direito.

Ora todo este trabalho vai sobrecarregar a nossa mente, pois não é possível negar uma coisa, se não a tivermos primeiro presente na nossa mente.

Esta situação ocorre muitas vezes noutras situações ou seja, em vez de pedirmos aquilo que efetivamente queremos, na verdade estamos sim a pedir, mas sim aquilo que não queremos e logo vamos ter mais do que não queremos, é a chamada Lei da Atracão.

Deixo agora outros exemplos de um mesmo pedido feito pela positiva e pela negativa, para que possa avaliar a diferença:
Por exemplo:
'- Não fales alto',ou '- fala mais baixo';

273

'-Não venhas tarde', ou '- vem mais cedo';
-'Não feches a porta com tanta força', ou '- fecha a porta mais devagar';

Vamos agora analisar esta última frase:
Quando dizemos por exemplo aos nossos filhos num tom exaltado: '- não feches a porta com tanta força', além de lhes estarmos a dizer o que não devem fazer e isso não os motiva pela positiva, a palavra que vai ficar mais marcada na mente deles é a última que foi proferida que foi 'força';
Em 2º lugar: a criança para negar uma coisa, vai ter também primeiro de a recriar mentalmente na sua mente (com os perigos inerentes a mais uma recriação mental de uma coisa negativa à semelhança do exemplo do sinal de trânsito), ou seja, a criança vai ter de criar a imagem de bater a porta com força, para que depois possa alterar essa imagem para fechar a porta devagar, pois conforme referi, para negarmos uma coisa, temos de a ter bem presente na nossa mente.

Ao invés disso, quando dizemos aos nossos filhos: '- fecha a porta mais devagar', a única imagem que a mente da criança vai ter de recriar é da porta a fechar devagar, além de que a última palavra e aquela que vai ficar mais gravada na mente da criança (também por ser a última) é 'devagar' e não a palavra 'força' do exemplo anterior.

Outro exemplo que podemos encontrar e que já muitos especialistas defendem é o que consta nos maços de tabaco, onde se faz a apologia do que a pessoa 'vai perder' por fumar ao invés de se 'valorizar' o que a pessoa vai ganhar por ser um não-fumador.

Para si que é fumador por exemplo o que o motivaria a deixar de fumar: O que vem escrito nos maços de tabaco, que se fumar pode morrer mais cedo, ou que provoca doenças graves, ou se lá viesse escrito por exemplo que se não fumar viverá mais tempo e com mais qualidade de vida e a praticar aquele desporto que sempre lhe deu prazer e satisfação na companhia dos seus filhos, etc.?!...

À semelhança do exemplo anterior do tabaco, sempre que se tenta 'encorajar' alguém pela negativa, ou seja, por aquilo que vai perder no futuro, além de não promover eficazmente a mudança desejada, vai fazer com que a mente inconsciente dessa pessoa fique desde já programada para aceitar como inevitável aquela doença ou facto negativo que lhe irá acontecer por continuar no mesmo comportamento.

Acredite que para motivar alguém ou para promover a mudança de um comportamento em alguém, nunca lhe deve dizer aquilo que vai perder por mudar aquele comportamento, pois perder alguma coisa nunca vai motivar ninguém a fazer algo.

Para motivar alguém nunca deve referir o que a pessoa vai perder, mas sempre o que a pessoa vai ganhar com o novo comportamento.

MUDANÇAS DE COMPORTAMENTO

A nossa mente consciente não se sente confortável com mudanças, mesmo que estas sejam do nosso interesse.

A nível neurológico quase todas as mudanças de comportamento e reformulação de hábitos e padrões de vida começam e são controladas pela nossa mente inconsciente.

Para mudar o nosso comportamento de forma efetiva é pois necessário mandar informação diretamente para a nossa mente inconsciente.

Para alterar de forma eficaz antigos padrões de comportamento, a informação deve ser: indireta, não manipulatória e ter a intenção de apenas informar e acrescentar novas informações às antigas.

Milton Erickson dizia que não é possível instruir o inconsciente de forma consciente e que sugestões autoritárias enfrentariam resistência.

A mente inconsciente responde a aberturas, oportunidades, metáforas, símbolos e contradições.

A sugestão hipnótica eficaz deve então ser vaga, deixando espaço para o sujeito preencher as lacunas com o seu próprio entendimento inconsciente, mesmo que não consiga entender, de maneira consciente, o que está a acontecer.

A nossa mente inconsciente preocupa-se com o nosso desenvolvimento saudável e com a nossa evolução, logo quando esta parte da nossa mente recebe informação de forma indireta e percebe que é de nosso interesse em muitos níveis diferentes, ela automaticamente começa a processar e reprocessar toda esta informação.

A nossa mente inconsciente é muito mais inteligente que qualquer analista ou do que o nosso intelecto (mente consciente) no que diz respeito a redefinir o nosso comportamento.

Estudos recentes também mostram que várias partes de nosso cérebro controlam diferentes aspetos de como nos sentimos e de como nos comportamos.

Por exemplo a depressão, a ansiedade e os ataques de pânico, atualmente não são mais considerados como sinais de fraqueza, pois são mais comuns do que à primeira vista se possa imaginar e muitas pessoas passam por estas sensações em algum momento da sua vida.

É muito importante ter em atenção que, quer a nossa tensão física, quer a nossa tensão mental, quando acumuladas por longo tempo, vão fazer com que a nossa mente inconsciente tenha de arranjar um meio de se libertar de toda esta tensão.

A nossa mente inconsciente pode achar que a melhor maneira de lidar com toda esta tensão é mesmo estar doente, pois para a nossa mente inconsciente esta doença pode efetivamente proteger-nos, pois ao fazer com que nos sintamos com más sensações sempre que estivermos na presença dos factos que originaram o stress e tensão iniciais, pode fazer com que nos afastemos dessas situações que nos trazem más sensações como forma de evitarmos aquele sofrimento.

Acredite que todas as doenças de que padecemos foi a melhor resposta que a nossa mente inconsciente arranjou para nos proteger de males ainda maiores.

IMAGINAÇÃO

Cada vez mais a imaginação é valorizada e é reconhecido o seu verdadeiro valor por cientistas de diversas áreas, mas afinal que valor é este?

A imaginação fornece uma ferramenta para a manipulação da realidade e dos elementos que a compõem.

A imaginação é uma 'ferramenta' fundamental na criatividade e no produto criativo, já Einstein, afirmou: *'a imaginação é mais importante do que o conhecimento'*.

Segundo o dicionário: 'imaginação é uma faculdade ou capacidade mental que permite representar objetos, segundo aquelas qualidades que nos são dadas através dos sentidos, não estando estes presentes na nossa realidade', mas será que a utilidade da imaginação se resume a uma ferramenta de 'manipulação' mental da realidade?

Atualmente a neurologia verificou que a perceção direta ou a imaginação, ativa as mesmas zonas do cérebro, isto é, o cérebro não consegue distinguir o que é 'real', ou o que é 'imaginado', pois a nossa mente inconsciente vai processar de igual forma ambas as situações.

Uma prova direta e esclarecedora disto mesmo é o fato de em muitos sonhos só constatamos que eram mesmo sonhos depois de acordarmos.

Os sonhos são criações da nossa mente, como uma imaginação involuntária e inconsciente, mas mesmo assim, alteram as nossas emoções, a nossa temperatura corporal, a nossa pulsação e reagimos a eles tal como reagiríamos com a realidade.

A principal diferença entre os sonhos e a imaginação, é que a imaginação são construções conscientes e voluntárias da realidade, enquanto os sonhos são construções inconscientes e involuntárias da realidade.

Se tivéssemos consciência que a realidade dos sonhos é unicamente resultante da nossa mente inconsciente, não viveríamos os sonhos como se fossem realidade, logo aqui podemos comprovar as extremas potencialidades da imaginação.

Poderemos pois dizer que a nossa mente inconsciente não consegue 'ver' os sonhos, logo não consegue 'ver' que não são sonhos e por isso considera estas imagens como sendo reais.

Assim sendo a imaginação (até porque é um ato deliberado e consciente) tem muito mais potencialidades que o sonho, ao nível de alterações no organismo.

A imaginação fica mais acentuada quando a atenção, a intenção e a consciência aproximam esta realidade perante a nossa mente inconsciente.

Enquanto sonhamos, os nossos sentidos estão ativos: ouvimos, cheiramos, vemos, sentimos, saboreamos, sentimos dor, etc., ora assumindo isto como criação da 'imaginação' inconsciente e involuntária, é possível então construir sensações e alterações internas no organismo, mas agora voluntárias e conscientes.

É muito importante reter, que muitas vezes a nossa imaginação é consciente e é utilizada contra nós próprios, como no caso especifico dos medos.

Por exemplo perante um determinado medo, mesmo sem querermos imaginamos o pior cenário possível, provocando as respetivas alterações no organismo, como aumento da adrenalina, aumento da pulsação, da respiração, da tensão arterial e no entanto o nosso corpo está a reagir perante uma imagem ou situação que existe apenas na nossa mente, ou seja, é apenas uma situação imaginada e não real.

Existem métodos e técnicas que utilizam esse poder da imaginação em prol do bem-estar da pessoa, tais como a PNL, a hipnose, etc.

A imaginação é uma ferramenta útil para modificar, construir ou resinificar memórias, mas esta função está dependente essencialmente do estado da pessoa, pois as pessoas pessimistas, tristes ou deprimidas, tendem a tornar as memórias más ainda piores e a relativizar as boas, o que deveria ser ao contrário, isto é, deveriam relativizar as más memórias para minimizar o seu efeito e maximizar e melhorar as boas memórias.

Podemos pois concluir que, a imaginação tem potencialidades para criar a nossa própria realidade e alterar todas as nossas memórias, em resumo, é possível modificar-nos toda a nossa existência, basta querermos verdadeiramente.

AUTO-HIPNOSE

Todos nós fazemos auto-hipnose, eu, o ouvinte e toda a gente, todos os dias, uns de forma consciente, outros de forma inconsciente.

Mas afinal, como e em que alturas fazemos auto-hipnose?

Como já aqui referi noutras crónicas a hipnose é caraterizada por um estado de relaxamento profundo, em que a pessoa normalmente está com os olhos fechados.

Ora neste estado de relaxamento, que é extremamente agradável, é a mente inconsciente que prevalece sobre a mente consciente, logo todas as imagens, pensamentos, sensações, etc., que passem pela nossa mente durante este tempo, vão ficar fortemente gravadas.

Tudo o que estivermos a pensar, a sentir, a visualizar, ou a imaginar, neste estado de relaxamento profundo ou de auto-hipnose, para a nossa mente é como se estivéssemos na verdade a viver essa mesma situação, pois neste estado, para a nossa mente, isso está mesmo a acontecer na nossa realidade, daí a força que todas as sugestões dadas numa sessão de hipnose clínica são capazes de produzir.

Acontece que, como disse no início, todos nós ao longo do dia passamos por um estado muito semelhante, que é quando estamos prestes a adormecer, mesmo quando estamos prestes a dormir.

Nestes momentos começamos por sentir o nosso corpo com algumas sensações como por exemplo de peso, ou com os músculos moles, é também nesta altura em que a nossa mente fica mais calma, em que as ondas cerebrais diminuem até adormecermos.

É nesta altura que todas as imagens, sensações, pensamentos, etc. que escolhermos ter, vão ficam fortemente gravados na nossa mente.

É pois muito importante estarmos em estado de alerta, para todas as coisas que nesta altura vamos trazer de forma consciente para a nossa mente.

Se no estado normal, quando estamos despertos, estas coisas já nos trazem boas ou más sensações, no estado de relaxamento profundo ou de auto-hipnose, estas situações vão ficar fortemente gravadas na nossa mente inconsciente.

Na verdade para a nossa mente inconsciente as imagens, pensamentos, sensações, etc. que tivermos presente nesta altura, para ela é como se estivéssemos na verdade a viver essas mesmas situações, o que vai fazer com que essas sensações fiquem cada vez mais fortes e façam com que venhamos a ter um comportamento automático cada vez mais consistente, que tanto pode ser em relação à nossa reação normal aos acontecimentos, como também em relação à reação do nosso corpo às doenças.

É pois muito importante prepararmo-nos de forma consciente para o sono, até porque quando colocamos imagens, sensações, ou pensamentos na nossa mente inconsciente antes de adormecermos, a nossa mente inconsciente vai ter também toda a noite, para 'dar vida' a todas essas situações e provocar-nos depois as boas, ou menos boas sensações, conforme tenham sido boas, ou menos boas, as coisas que tenhamos colocado de forma consciente na nossa mente antes de adormecermos.

A opção vai ser nossa, se durante a noite vamos dar vida a 'monstros', ou se vamos dar vida a boas sensações e isso o ouvinte vai notar quando acordar pela manhã, quer pelos sonhos que teve durante a noite, quer pela sensação que vai ter depois de acordar, se vai acordar revigorado ou com aquela sensação de ainda estar mais cansado.

Em resumo, a prática da auto-hipnose é muito importante e pode-nos trazer boas sensações, mas somente se nos auto-sugestionarmos com coisas positivas, pois caso contrário, vamos ter mais e mais fortes más sensações.

PROGRAMAÇÕES MENTAIS

Muitas das nossas programações mentais que foram úteis um dia, atualmente poderão tornar-se cada vez mais limitantes, pois a nossa mente inconsciente vai estar concentrada em arranjar mais situações que tenham pontos em comum, para reforçar aquele nosso comportamento e acabamos assim por entrar numa espiral de desconforto crescente.

Por exemplo a criança que aprende a ficar em silêncio enquanto os adultos em volta dela conversam, aprendeu cedo que evitaria qualquer reprimenda do pai, se ficasse quieta e calada.

Porque nas várias experiências em que essa criança teve ganhos importantes, foi por ter ficado em silêncio, vão fazer com que na mente da criança se crie um programa automático de comportamento, que tenderá cada vez mais a generalizar-se no futuro, do tipo: *'ficar quieto e calado'* é igual a *'evitar a advertência do pai'*.

No mundo de uma criança, que ainda possui pouca capacidade de elaboração dos eventos, há ainda a possibilidade da criança fazer outras associações ao mesmo comportamento, do tipo: *'ficar quieto e calado'* é igual a *'evitar advertência do pai'* e também é igual a *'o meu pai continuar a gostar de mim'*, ou, então: *'se eu falar na frente dos adultos* é igual *'ao meu pai deixar de gostar de mim'*.

Até porque esta criança foi prontamente repreendida e convidada a retirar-se da sala sempre que tentou manifestar-se enquanto os adultos conversavam, neste caso, para a criança ficar quieta, pode até ser considerado por ela, como uma questão de sobrevivência.

Esta programação vai tornar-se cada vez mais poderosa e profundamente arreigada já na mente do adolescente e do adulto e irá sempre ser despoletada quando o agora adulto é desafiado por exemplo para falar em público, etc. .

Agora a mente do adulto vai estar concentrada em arranjar situações onde possa despoletar o mesmo comportamento, por exemplo na sala de aula, no trabalho, ou entre amigos, quando tiver de falar em público, vai experimentar o disparo desta programação que se irá manifestar através de estados emocionais que o impedem de falar com tranquilidade e segurança.

Iremos pois ter assim um adulto inteligente e talentoso, mas que não vai conseguir expressar as suas capacidades, advindo daqui um dos medos mais generalizados e angustiantes que é o de falar em público.

Através da hipnose clínica é possível ajudar esta pessoa a provocar uma mudança nesta programação:
- Primeiro: permite investigar como esta pessoa produz este 'medo' de falar em público, qual o processo, como é que ela processa as informações no seu sistema nervoso para gerar estes estados emocionais limitantes;
- Segundo: permite implementar na mente dessa pessoa qual é o estado emocional desejado para poder produzir um novo resultado, no caso, falar em público;
- Terceiro: permite comunicar com a mente inconsciente para: reprogramar o novo comportamento, construir a permissão para esta nova reprogramação e ajudar a reaprender e a manifestar um ou mais tipos diferentes de comportamentos que sejam satisfatórios, produtivos e saudáveis agora para si.

Através deste processo verificamos basicamente três resultados:
- 1º: a pessoa toma consciência de que ela é a única responsável pelos estados emocionais limitantes que ela experimenta;

- 2º: ao mesmo tempo, ela experimenta uma sensação de poder... ela passa a confiar em si mesma e a acreditar que possui todos os recursos necessários para mudar o que deseja mudar;

- 3º: a pessoa começa a guiar a sua vida, os seus pensamentos, a sua energia e o seu tempo, para uma jornada de mudanças e melhorias pessoais.

E não há tempo para mais, hoje o tema foram as nossas programações mentais.

PROGRAMAÇÃO NEURO-LINGUÍSTICA

Na crónica de hoje, vou falar um pouco sobre a 'programação neurolinguística', também conhecida pela abreviatura de PNL.

A programação neurolinguística baseia-se no conceito de que o cérebro humano capta informações através dos canais sensoriais: visão, audição, olfato, paladar e tato e processa tais informações gerando diálogos internos, imagens e sensações físicas.

O jeito como percebemos o mundo determina como julgamos a cada segundo os eventos de nossa vida e este julgamento determina as nossas atitudes e os resultados e consequências destas atitudes.

A PNL investiga o processo mental que é utilizado por cada um de nós para produzir determinado resultado.

Por exemplo, quando um atleta produz melhores resultados do que o outro, as pesquisas dizem-nos que cada um desses atletas utiliza e desenvolve uma estratégia mental diferente.

Todo o comportamento, todas as atitudes, todo o gestual, etc., é a consequência de uma sequência de imagens, sons e sensações organizadas na mente deste atleta.

A PNL vai ainda mais além: desenvolve ferramentas e técnicas para aprender como este atleta consegue obter melhores resultados para poder ensinar ao outro como aperfeiçoar o seu desempenho, esta é a diferença que faz a diferença, a PNL investiga a experiência mental subjetiva que produz o comportamento, que é a experiência objetiva.

Todos nós produzimos uma sequência de imagens, sons e sensações antes e ao mesmo tempo em que estamos a fazer o que fazemos, todos nós temos a nossa 'programação' para caracterizar um determinado comportamento que produz determinado resultado, o ser humano ao longo de sua vida e de suas experiências vai adquirindo as suas programações.

Para todo o comportamento, existe uma pré programação específica na nossa mente inconsciente, por exemplo desde o ato de escovar os dentes, segurar um talher, escrever andar, falar, etc., todo e qualquer comportamento é resultado da forma como as informações que chegam até aos nossos canais sensoriais são processadas pela nossa mente.

O cérebro por sua vez tende a economizar energia e para que isso aconteça ele utiliza a capacidade de aprendizagem, que em PNL se chamam de "generalização", que significa que bastam algumas poucas experiências para o ser humano aprender com aquela experiência e formar um programa automático de comportamento.

Por exemplo, quantas vezes é preciso tocar no fogo para saber que ele queima? certamente que basta uma experiência com o fogo para generalizar que toda e qualquer chama poderá causar dano à pele e a partir dessa experiência processa-se desde logo uma programação.

Na nossa mente inconsciente fica desde logo um programa automático de comportamento, que vai fazer com que vamos reagir defensivamente, cada vez que nos aproximarmos do fogo, pois o que a nossa mente deseja é o melhor para nós e neste caso será o de nos proteger.

Daqui para a frente a nossa mente irá generalizar o mesmo comportamento para toda e qualquer experiência onde encontre algum ponto em comum.

INCONSCIENTE: O LOCAL DAS "VERDADES"?

A nossa mente inconsciente quer queiramos quer não, está sempre presente nas nossas escolhas, nos nossos juízos, nas nossas decisões, e é esta parte da nossa mente que, vai ditar qual o nosso tipo de reação aos acontecimentos, e ainda qual vai ser a reação do nosso corpo às doenças.

Mas o que é afinal o que é e o que faz a nossa mente inconsciente?

De que forma é que ela influencia o nosso dia-a-dia?

A mente inconsciente ou simplesmente inconsciente é um conceito na psicologia, introduzido por Freud, há mais de um século atrás.

Até essa altura acreditava-se que o ser humano era um ser racional e consciente de todos os seus atos e de todas as suas escolhas, mas Freud veio então afirmar que o inconsciente existe e além disso os processos mentais possuem uma natureza predominantemente inconsciente.

Ou seja pode-se representar metaforicamente a mente inconsciente como a parte submersa de um Iceberg, enquanto a pequena parte à superfície representa a nossa mente consciente.

A nossa mente inconsciente é 'um local' oculto da nossa mente, repleto de mistério, no qual o nosso acesso consciente é extremamente restrito.

É aqui, nesta parte da nossa mente que tem origem a nossa criatividade, as nossas paixões, os nossos medos e muitas vezes a 'verdade' dos nossos atos e decisões.

Se calhar o ouvinte já se questionou sobre a origem de algum dos seus medos, não sabendo qual a causa, isto deve-se ao facto dessa causa estar gravada na sua mente inconsciente.

Quantas vezes temos medo de algo, sem ter uma experiência negativa prévia?

Ou pelo contrário, porque é que tendo continuamente experiências negativas com algo, podemos continuar sem qualquer medo?

A resposta a estas questões está na nossa mente inconsciente.

Por exemplo, questões mais comuns, como 'o que me atrai naquela pessoa?' ou 'o que me irrita naquela pessoa?', têm a sua resposta no que está gravado na nossa mente inconsciente.

Acredite que a maioria das nossas ações e decisões possuem fundamento predominantemente inconsciente, embora muitas vezes nos custe a acreditar ou admitir isso.

Muitas vezes procurarmos *à posteriori* as razões e fundamentos para as nossas decisões e ações, tentando-nos autoconvencer da nossa atitude consciente, contudo, se calhar na maioria das vezes se fizermos uma reflexão honesta com nós mesmos, vamos chegar à conclusão que desconhecemos a verdadeira origem, do nosso comportamento.

Freud defendia que na nossa mente nada é por acaso, escolhermos um caminho e não outro, escolhermos uma pessoa e não outra, escolhermos decidir uma coisa e não outra.

Mesmo que, muitas vezes nos pareça que estamos a escolher ao acaso, na verdade não estamos!

ONDAS CEREBRAIS – I

Na crónica de hoje vou começar por falar de forma muito resumida de ondas cerebrais, o que são e de que forma nos podem ajudar a alcançar uma saúde e qualidade de vida, melhores.

Também na prática da hipnose o paciente é levado a experimentar ondas cerebrais mais baixas em relação ao seu estado normal, sendo esta uma das razões para que as sugestões dadas neste estado se tornem mais fortes e tenham um maior e mais consistente efeito mental no paciente.

A medição das ondas do cérebro é uma descoberta relativamente recente, os cientistas começaram por descobrir que a prática de meditação trazia grandes benefícios para a saúde e bem-estar, nomeadamente ao reduzir o stress, a aumentar a sensação de bem-estar e a beneficiar a saúde em geral, entre outras vantagens.

Nos estados de meditação os cientistas descobriram que as ondas cerebrais do nosso cérebro são de baixa frequência, do tipo alfa, teta e delta, sendo que as ondas cerebrais do nosso cérebro, quando estamos despertos ou no estado normal ou de consciência, são do tipo beta tipo e gama.

Descobriram ainda que cada tipo de ondas cerebrais tem benefícios específicos para a saúde.

Comecemos então pelas ondas cerebrais mais comuns em meditação, que são as ondas alfa.

As ondas cerebrais alfa que experimentamos quando estamos em meditação, vão desde logo promover mudanças no nosso sistema nervoso ao torna-lo mais calmo, com esta prática vamos começar por experimentar uma redução da pressão sanguínea e do ritmo cardíaco, assim como começar a sentir a mente mais calma.

Esta foi uma descoberta animadora, uma vez que esta área é muitas vezes associada com a diminuição da ansiedade e medo, ainda a emoções positivas e a uma diminuição nos sintomas depressivos.

As ondas cerebrais teta, cuja frequência é menor em relação às ondas alfa, fazem com que fiquemos com uma profunda sensação de relaxamento e são ainda benéficas para incentivar a criatividade, a resolução de problemas e a memorização mais fácil.

Experimentamos por exemplo estas ondas cerebrais delta durante o sono profundo, é também neste estado que durante uma sessão de hipnose clínica é possível aceder a mente inconsciente para recordar factos e acontecimentos de vidas passadas.

Podemos dizer que as ondas cerebrais mais baixas como alfa, teta e delta, tendem a libertar serotonina, enquanto frequências mais altas, como beta e gama, tendem a libertar mais dopamina.

As ondas cerebrais beta ajudam ainda a organizar pensamentos, a lembrar coisas e a concentrar-se.

Utilizando ondas cerebrais de forma consistente podemos definitivamente tirar muitos benefícios relacionados com a saúde.

Usando as ondas cerebrais alfa vamos ficar mais calmos, mais tranquilos e relaxados, impulsionar as ondas cerebrais teta pode melhorar a nossa saúde, fazendo sentir-nos mais jovens dando-nos mais energia e vão ainda melhorar o nosso sistema imunológico e finalmente as ondas cerebrais delta permitem-nos produzir mais hormonas anti-envelhecimento e permitir que o nosso corpo se reabasteça de forma natural.

Cada um desses tipos de ondas cerebrais mais lentos podem efetivamente produzir grandes benefícios para a nossa saúde.

A concluir poderemos dizer que as 'ondas cerebrais mais lentas' são capazes de nos manter saudáveis.

ONDAS CEREBRAIS – II

Dando seguimento à crónica anterior em que falei de ondas cerebrais e dos seus efeitos para a saúde, é muito importante referir que, nenhuma das quatro ondas cerebrais básicas (beta, alfa, teta e delta) é consideradas 'mais benéfica' ou melhor do que a outra.

Todas as ondas cerebrais são de igual importância e todas são úteis.

Todas elas têm vantagens e desvantagens em certas situações.

O segredo é cultivar um boa combinação de cada uma das quatro ondas.

Estas atividades permitem um controle 'consciente' sobre a onda cerebral mais adequada à nossa situação.

Por exemplo quando experimentamos ondas cerebrais teta, vamos sentir-nos em paz e com boas sensações durante uma sessão de meditação, mas não nos vamos lembrar de mais nada, porquê?

Porque as ondas cerebrais teta envolvem a mente inconsciente e se não temos qualquer atividade de ondas cerebrais alfa para transferir essa 'informação da mente inconsciente' para a nossa mente consciente (ondas beta) – vamos ficar com essa informação num nível muito profundo da nossa mente, que pode não ser o mais benéfico para nós.

É por isso que é importante ter em conta que é necessário experimentar várias frequências de ondas cerebrais para permitir que o nosso cérebro possa transferir informações importantes, como emoções e ideias para a nossa mente consciente.

As ondas cerebrais alfa vão fazer a ligação entre a 'mente inconsciente' (ondas teta) e a nossa 'mente consciente' (ondas beta).

Para transferir as informações da frequência de ondas cerebrais delta (a mais baixa) para a nossa 'mente consciente' (que utiliza predominantemente ondas beta), teremos de utilizar 'teta' para receber informações de 'delta', 'alfa' para receber informações de 'teta' e por fim 'beta' para receber informações da 'alfa'.

Ou seja, uma informação que esteja numa onda cerebral mais baixa, terá de passar pelas ondas cerebrais intermédias até chegar à onda cerebral mais alta.

A chave é pois ter a certeza de que devemos promover em nós próprios regularmente um estado de ondas cerebrais ideal para a nossa situação.

Conseguir sons que promovam no nosso cérebro as ondas cerebrais mais benéficas para nós, é relativamente fácil de conseguir através de uma pesquisa na internet.

Os sons disponíveis estão ainda de várias formas, sendo os mais conhecidos e divulgados os sons isocrónicos e os sons binaurais.

EVIDÊNCIA DA INTERAÇÃO MENTE-CORPO

A hipnose é uma maneira de demonstrar a interação entre a mente e o corpo.

Através de hipnose é possível colocar uma pessoa num estado hipnótico e sugestioná-la de modo a acreditar por exemplo que quando um dedo do hipnoterapeuta tocar a sua pele, esse dedo é por exemplo um cigarro aceso.

Com esta sugestão o organismo da pessoa sugestionada irá reagir como se na verdade o dedo do hipnoterapeuta fosse mesmo um cigarro acesso e não o seu dedo e irá sentir dor e ter as mesmas reações como se efetivamente fosse queimada por um cigarro aceso, criando inclusive uma bolha no ponto em que o dedo tocou a pele.

Este é apenas um exemplo que serve ilustrar o poder da hipnose clínica no tratamento de várias doenças.

Se a sugestão que acabei de referir tem este efeito no paciente, também é verdade que se neste estado de hipnose ou relaxamento profundo for sugestionado para sentir em vez daquela sensação, uma regeneração da pele sempre tocar com um dedo nessa parte, também agora a pessoa irá sentir estas sensações positivas sugeridas pelo hipnoterapeuta.

A reação da pessoa no estado de relaxamento profundo ou de hipnose, vai ser aquela que o hipnoterapeuta sugestionar (em acordo prévio com o paciente).

Neste estado, como aqui já referi, porque é a nossa mente inconsciente que está a prevalecer, em relação à mente consciente, todas as imagens e situações que tivermos presentes na nossa mente inconsciente, para ela é como se na verdade estivéssemos a viver nesse exato momento essas mesmas situações.

Por esta razão a reação do nosso organismo vai ser aquela que referi nos exemplos anteriores e não a reação de uma mera história que por exemplo tivéssemos contado se a outra pessoa estivesse no estado normal.

Um paciente pode pois por exemplo ser sugestionado para melhorar o sentido da visão, para parar as alergias, para tratar uma qualquer doença e muito mais.

E mais importante ainda, é que vai ser sugestionado, de acordo com as sugestões previamente acertadas com o paciente e que melhor se enquadrem no seu sistema de crenças.

É pois muito importante ter em conta que muitas das nossas doenças físicas, têm a sua origem nosso sistema de crenças, acredite que há ligação entre a mente e o corpo no seu aparecimento, mas também pode haver esta mesma ligação na cura dessas mesmas doenças.

Acredita-se que a percentagem de doenças físicas que podem ser induzidas e curadas pela mente pode chegar até aos 90%, como referem vários especialistas, nomeadamente Louise Hay.

Em junho de 2005, um estudo norte-americano mostrou que mais de 55% dos americanos acreditam que existe uma ligação entre a mente e o corpo para se curarem das doenças de que padecem.

Como aqui já referi em crónicas anteriores, estes poderes de cura através da mente, foram demonstrados através de estudos levados a efeito, nomeadamente com os placebos.

Além disso, de acordo com uma famosa pesquisa publicada em 1993 no Jornal de Medicina, nos Estados Unidos, 34% dos adultos norteamericanos já relataram que estavam a usar uma terapia não convencional para o tratamento das suas doenças.

Um dos aspetos interessante neste estudo, é a revelação de que este tipo de tratamento está cada vez mais incluído nos hábitos dos americanos da classe média/alta e com maior instrução.

AUTO-HIPNOSE/AUTO-CURA

Na crónica de hoje vou aqui falar de auto-hipnose e como poderá desenvolver técnicas de auto-cura.

Em primeiro lugar vou aqui referir quatro situações que deveremos ter em conta para que uma sessão de auto-hipnose resulte da melhor maneira:
-1º: Atingir um estado de relaxamento e tranquilidade;
-2º: Aprender a concentrar a atenção numa coisa só, como na meditação (podemos concentrar-nos por exemplo na respiração), isto vai fazer com que venhamos a desenvolver um cada vez melhor autocontrolo e vamos evitar distrações desnecessárias e prejudiciais;
-3º: Aprender técnicas de visualização que são a linguagem preferida da mente;
-4ª: Ter e sentir um forte desejo de atingir esse objetivo, aliado a sensações positivas, quando se está a visualizar essa situação.

Logo que tenha conseguido estas condições estará pronto para iniciar uma sessão de hipnose, comece por visualizar em primeiro lugar a condição atual do seu corpo, incluindo por exemplo a doença ou situação que o incomoda.

Não é preciso esforçar-se para arranjar imagens, lembre-se que as imagens mais simples são as mais eficazes e suficientes para 'falarmos' com a nossa mente inconsciente.

Por exemplo para a dor de cabeça poderá criar uma imagem representativa da dor e em seguida sentir as emoções associadas com este problema.

Agora pode começar por visualizar o desaparecimento da doença, pode criar por exemplo uma imagem da dor a desaparecer a cada expiração e 'ligar' este ato natural do seu organismo ao tratamento dessa doença.

Outro exemplo: pedras nos rins podem ser transformadas em pó inofensivo e logo expulsas.

Tumores por exemplo podem ser visualizados como gotas grandes e negras, enquanto o sistema imunológico produz cada vez mais glóbulos brancos fortes, que podem ser imaginados como pequenos soldados que atacam o tumor, pode ainda imaginar que em cada ataque o tumor diminui de tamanho.

Ainda um músculo dolorido pode ser banhado por uma luz de cura imaginária que alivia a dor muscular e devolve ao músculo seu estado saudável.

A imagem que trouxer para a sua mente é irrelevante , o que é importante é que traga algo que lhe faça algum sentido, não precisa arranjar nada cientificamente correto, pode apenas ser simbólico, o que é importante é que essa imagem esteja dentro do seu sistema de crenças e possa ser aceite e processada para produzir os efeitos e as novas sensações que se pretendem.

Por último, numa sessão de auto-hipnose, a última imagem que deverá ficar na sua mente é aquela em que o resultado positivo final já foi conseguido.

Acabe a sessão de auto-hipnose a sentir a alegria de estar em perfeita saúde, viva o mais possível esse momento e aumente todas essa boas sensações sem nunca trazer para a sua mente pensamentos ou imagens que lhe façam parecer que essa situação é 'impossível'.

AMOR À PRIMEIRA VISTA/VIDAS PASSADAS – I

Hoje vou aqui começar por abordar um tema especial 'o amor à primeira vista' visto na perspectiva da hipnose clínica, mas mais precisamente pela perspectiva da terapia de vidas passadas (TVP).

Para este efeito socorri-me de uma publicação do hipnoterapeuta Hugo Lapa sobre este tema, que relata com grande clareza esta situação, começa assim:

«Um fenómeno bastante interessante e inexplicável para muitos é o chamado 'amor à primeira vista', este fenómeno só é inexplicável quando não se leva em linha de conta a teoria da reencarnação ou de vidas passadas.

O amor à primeira vista consiste no despertar de um sentimento, logo que estamos na presença de uma pessoa desconhecida, que nos desperta algo portentoso, excelso, superior, quase celeste e divino, e que para nós numa primeira análise, parece incompreensível. Há uma nítida impressão de que já conhecemos aquela pessoa.

Existem no entanto alguns estudiosos deste tema, que insistem que não existe o amor à primeira vista, mas sim uma espécie de encantamento, de fascinação, ou de deslumbramento pela beleza do outro.

Apesar destes sentimentos poderem estar misturados no primeiro momento, não seria apressado dizer, que há de fato, um amor que pode estar sendo ressuscitado, reaceso, vindo à superfície e despertado, trazendo à tona um sentimento sublime e transcendente que até então estava apagado dentro de nós...

Esse amor pode ter a sua origem em dezenas ou mesmo centenas de vidas passadas onde essas duas almas viveram juntas, pode até mesmo ser anterior aos primeiros nascimentos terrestres.

Esse reencontro faz ressurgir uma emoção, um envolvimento que já existia dentro da pessoa, mas que ainda estava disperso.

Como outros especialistas definem, convém esclarecer que este amor, que não é o mesmo que paixão, por muitos considerada uma doença... o amor à primeira vista não deve ser confundido com maravilhamento pela beleza física do outro, ele é antes, de uma profunda identificação com alguém que já conhecemos há milénios e que reencontramos nesta vida.

Esse pode ser o início de uma longa história de amor.

Para se diferenciar um amor verdadeiro de uma simples paixão é preciso notar se há um total desprendimento em relação a essa pessoa, o amor real é calmo, sereno, não se deixa influenciar por sentimentos de controlo, posse, ciúme, e outras armadilhas inferiores.

O amor verdadeiro deseja que o outro esteja bem, mesmo que ele não fique connosco, ele é espontâneo, livre e há desprendimento; o que importa é só o bem-estar do outro, fazemos de tudo para que o outro seja feliz (...)».

AMOR À PRIMEIRA VISTA/VIDAS PASSADAS – II

«A melhor forma para harmonizar o nosso passado e cuidar para que os laços afetivos não se tornem disfuncionais e problemáticos na vida atual, é a realização da terapia de vidas passadas, através da regressão o passado pode ser revisto e os laços amorosos podem ser tratados, dissolvendo os resíduos de energias conflituosas, como brigas, assassinatos, traumas e qualquer situação negativa que tenha ocorrido em vidas passadas.

Entendem alguns estudiosos nesta matéria que para se entender com maior profundidade a origem do amor é necessário contextualizá-lo dentro da teoria da reencarnação.

Uma relação amorosa não nasce de simples semelhanças e de modos de ser e de interesses comuns, ele é o resultado de um longo processo de dezenas ou mesmo centenas de vidas passadas em quo duas almas conviveram juntas.

Nestas experiências conjuntas, ambas as almas ou espíritos foram passando por várias vivências juntos, enfrentando desafios, superando obstáculos, atravessando todas as dificuldades, e envolveram-se em laços afetivos e amorosos um com o outro, brotando daí uma profunda identificação e um sentimento verdadeiro.

Surge então a pergunta como podemos descobrir se alguém que muito amamos fez parte do nosso passado de outras vidas.

A resposta a essa pergunta é bem simples: se você ama verdadeiramente essa pessoa, e a conhece há pouco tempo, então vocês já viveram, sem sombra de dúvida, experiências mútuas em vidas passadas.

Isso significa que o amor verdadeiro, aquele que reside numa esfera muito íntima do nosso ser, não pode ser desperto em apenas uma vida.

Os laços do amor real são tão fortes, que apenas experiências milenares podem despertar em nós um amor que é quase divino, que nasce do infinito e que se manifesta no ser humano como a expressão do sentimento mais puro que o homem da face da Terra pode ter acesso: o amor incondicional.

Estudos com terapia de vidas passadas levados a cabo por centenas de hipnoterapeutas em todo o mundo mostrou que todos os seres se agrupam naquilo que se convencionou chamar de 'família espiritual ou família de almas'.

Além da nossa família consanguínea, que forma indivíduos com laços de sangue comuns, todos os seres possuem uma família espiritual, que é bem maior do que a nossa família genética atual.

A nossa família espiritual é composta por centenas de espíritos que tiveram milhares de experiências connosco em vidas passadas; são espíritos que nos conhecem há milênios, e todo esse arcabouço de experiências coletivas liga-nos por laços de amizade, carinho, amor, cooperação, compaixão, e outros…

Mas como tudo na vida tem dois pólos, as experiências negativas também fazem parte destes laços, sendo comuns sentimentos de ódio, raiva, antipatias, rejeição, malquerença, amargor, mágoa, etc.»

AMOR À PRIMEIRA VISTA/VIDAS PASSADAS – III

O assunto de hoje vai continuar a ser o amor à primeira vista... e na crónica anterior falava da nossa família espiritual que pode ser composta por centenas de espíritos, sendo que, como em todas as famílias, temos nessa nossa família aqueles com quem tivemos experiências positivas e temos também aqueles com quem tivemos desavenças e sentimentos menos positivos.

«Toda essa mistura de sentimentos, tanto os positivos quanto os negativos podem-se expressar agora nas nossas relações, no entanto na maioria das vezes nem sequer desconfiamos que eles vêm de vidas passadas, e não da vida atual.

Dentro da nossa família espiritual ou de almas, há aqueles espíritos que cada um de nós guarda uma afeição mais profunda e especial, esses geralmente variaram nos diversos papéis das nossas vidas passadas, sendo nossos filhos, nossos amigos, marido, esposa, pai, mãe, avô, avó, irmão, ou irmã.

A proximidade do parentesco físico não quer indicar que o grau de afeição entre duas almas é maior ou menor.

Por exemplo, um filho na vida atual pode amar mais a avó do que a própria mãe, tão-só porque os seus laços espirituais podem ter sido mais estreitos em diversas vidas passadas com a agora sua avó.

Um pai pode amar mais um filho da vida atual do que o outro, embora muitos pais neguem essa diferença afetiva, sabemos que isso existe e é perfeitamente normal e explicável, já que esse pai pode tido mais experiências positivas com um filho e desavenças com outro filho numa vida passada.

É pois possível que as experiências traumáticas de vidas passadas possam abafar um amor entre duas almas.

Por exemplo: uma mãe que matou seu filho atual numa vida passada, quando eles eram irmãos mas ribais numa batalha, o filho pode carregar essa recordação inconsciente dentro de si e expressa-la na forma de rejeições, afastamento e até uma raiva e um mal-estar inconsciente que não consegue explicar.

É preciso lembrar sempre que esses traumas, apesar de terem sido esquecidos entre uma vida e outra, não apagam os sentimentos, sejam eles positivos ou negativos.

A falta de memória não destrói as emoções que guardamos dos espíritos que fizeram parte do nosso histórico encarnatório.

A nossa família de almas é a nossa família espiritual e vale muito mais do que nossa família física.

Um bom exemplo é observar o comportamento afetivo das pessoas, algumas podem gostar mais de um amigo do que de um parente próximo, como pai, mãe ou irmão.

Esse amigo, apesar de não fazer parte de sua família consanguínea, pode ser um membro mais próximo da sua família espiritual, e um amor muito grande pode estar presente na relação de ambos.

Assim, a família espiritual transcende a nossa família de sangue e demonstra a existência de laços muito maiores, mais sutis e imensamente mais antigos do que os laços consanguíneos, cada família espiritual é parte de uma família ainda maior, que pode nem sequer viver atualmente no planeta Terra.»

AMOR À PRIMEIRA VISTA/VIDAS PASSADAS – IV

«Quando duas almas que se amam muito estão em planos diferentes, isso pode ser um problema.

Assim, a pessoa ama esse espírito, e deseja ficar com ele, mas como essa alma não se encontra encarnada, ela nada pode fazer.

O encarnado pode ter vários sonhos com o desencarnado, mesmo sem saber quem ele é e nunca o ter conhecido na vida atual, mas intimamente ele sabe que o conhece, que o ama, e sente vontade de ficar com ele.

Quando acontece que duas almas que se amam estão separadas, uma no plano físico e outra no plano espiritual, ambas devem exercitar o desapego e procurar outras pessoas para se relacionar.

Essa situação também pode ser problemàtica quando há muitas energias pendentes entre ambos, pode acontecer, por exemplo, que o ser espiritual deseje ficar junto do encarnado e comece a boicotar todos os seus relacionamentos.

Neste caso, a melhor forma de agir é conscientizar o encarnado a libertar-se desse apego e viver a vida física naturalmente, sem ficar à espera que o ser espiritual venha a preencher um vazio que ficou das experiências 'perdidas' de vidas passadas, quando ambos viveram juntos.

E para rematar esta série de crónicas dedicadas ao tema do amor à primeira vista e vidas passadas, é importante referir que muitos especialistas afirmam que tratar o passado, envolvendo os nossos entes queridos pode reacender velhas mágoas, e fazer-nos lembrar velhas disputas e ódios passados, e que isso inviabilizaria a nossa convivência atual com eles.

Quem defende esta tese alega que uma mãe não poderia conviver bem com seu filho caso descubra que ele a torturou e matou em vidas passadas, mas a experiência de mais de 2.000 regressões individuais prova que essa ideia está equivocada, jamais se constatou que uma relação tivesse piorado após uma revisão de vidas passadas negativas entre membros de uma mesma família, pelo contrário, as experiências negativas são tratadas e os laços de amor são purificados, o que torna a convivência atual muito melhor e mais satisfatória.

Através do tratamento por regressão a vidas passadas, o resultado acaba sempre por ser uma grande melhoria na qualidade da relação atual, os bloqueios caem, os conflitos são tratados, as disputas são harmonizadas e tudo passa a ser compreendido e aceite no presente, pois a pessoa fica a compreender que a origem ou o nascimento desse trauma, não teve a ver com o acontecimento ou pessoa da vida atual, mas sim num acontecimento de uma vida passada, ficando esse comportamento sem razão de ser à luz dos acontecimentos e pessoas da sua relações atuais, extinguindo-se esse mal-estar de forma natural e saudável.

O assunto das últimas crónicas foi a amor à primeira vista, visto no contexto da terapia de regressão a vidas passadas, espero sinceramente que este tema tenha sido do seu interesse e que se calhar tenha compreendido agora a razão de ser desse seu 'amor à primeira vista' ou duma empatia especial que sente por aquela pessoa que lhe é muito especial e querida.»

SOMOS CIDADÃOS DO UNIVERSO

A nossa verdadeira natureza não é deste ou daquele lugar, mas sim do Universo e tudo o que existe está intimamente ligado a nós.

Podemos lembrar-nos de muitas vidas passadas, podemos lembra-nos de estarmos em diversos lugares, mas na essência nós somos uma consciência espiritual única, que não nasce nem morre, só entra e sai de corpos humanos.

Nós temos aparência de pessoas, mas o nosso rosto espiritual é uma face de Luz!

Quando deitamos o corpo físico na nossa cama diariamente, o que é mais importante saber é que quando dormimos libertamos o nosso espirito, mesmo que não tenhamos consciência disto.

Durante este tempo as consciências superiores fazem o seu trabalho de regeneração do nosso corpo físico, mas o nosso eu real e único, a nossa essência espiritual desprende-se para fora dele e viaja para os planos extrafísicas, onde encontra os seus amigos astrais e realiza atividades de estudo e trabalho, são as chamadas viagens astrais de que aqui já falei em crónicas anteriores.

Quando depois voltamos ao nosso corpo, na maioria das vezes não vamos lembrar-nos dessas viagens, no entanto, quer quando estamos dentro ou fora do nosso corpo, somos sempre nós mesmos o tempo todo, mesmo quando durante estas viagens recordamos vivências de outras vidas passadas, somos sempre na essência o mesmo ser espiritual.

Para a nossa evolução é muito importante que possamos viajar de forma consciente até às cidades astrais, até aos lugares extrafísicos, pois só assim vamos aprender e evoluir mais e perceber que viemos de outros planos superiores e que o que somos é seres de luz e que nada, nem ninguém pode limitar a nossa evolução ou condicionar-nos a viver aquela vida ou situação específica.

É muito importante não estamos apegados a nada nem a ninguém durante esta nossa experiência, pois nada é nosso, tudo nos foi emprestado para usufruirmos enquanto durar esta nossa encarnação.

Nem mesmo este nosso corpo físico que consideramos nosso, na verdade não o é, ele é apenas o instrumento mais adequado que nos foi cedido, para que temporariamente possamos experienciar uma determinada experiência física que será a mais indicada para a nossa evolução.

Jamais nos devemos esquecer de nossa verdadeira natureza espiritual.

Devemos pois manter os pés no chão, mas ao mesmo tempo devemos permanecer ligados ao Alto, de onde vêm suas melhores inspirações.

Respeitemos o caminho terrestre, por onde formos, mas não percamos o brilho estelar de nossos olhos, nem deixemos que as coisas do mundo bloqueiem a nossa Luz.

Da mesma forma que o barco pode entrar no rio, mas o rio não pode entrar no barco, pois o afundaria, entre no mundo, mas não deixe as coisas do mundo afundarem o seu barco espiritual e afogarem a sua lucidez.

Vivamos o que tem que ser vivido, mas sem perdermos o discernimento e a Luz do espírito por causa disso.

Nós somos muito mais do que imaginamos e se concentrarmos melhor a nossa atenção, iremos desbloquear os nossos potenciais adormecidos.

Se resolvermos melhorar, melhoraremos, mas nada acontece da noite para o dia, tudo acarreta esforço e paciência e a ansiedade com qualquer resultado a curto prazo com certeza, envenenará os nossos melhores propósitos.

Apenas devemos aprender da melhor forma possível, sem preocupações com os resultados ou condições e o nosso esforço correto nos levará a prestar atenção em algo mais do que esta vida sem sentido aparente e isso nos elevará a nós que somos cidadãos do universo.

O HOMEM QUE NÃO ACREDITAVA NO AMOR – I

Nas próximas crónicas o tema mais uma vez vai ser o amor... desta feita socorri-me de um texto de Dom Miguel Ruiz, com o título 'O Homem que não acreditava no amor', hoje a primeira parte, ou se quiser o primeiro de quatro capítulos de 'O Homem que não acreditava no amor' e começa assim:

«Era uma vez um homem que não acreditava no amor, ele era uma pessoa comum, como você e eu, mas o seu modo de pensar tornava-o diferente, o homem achava que o amor não existia.

Ele teve muitas experiências, para ver se conseguia encontrar o amor, observou as pessoas que o cercavam e passou a maior parte da vida a procurar o amor, para por fim descobrir que era algo que não existia.

Aonde quer que esse homem fosse, dizia às pessoas que o amor não passava de uma invenção dos poetas, uma mentira que os religiosos contavam para manipular a mente fraca dos humanos, forçando-os a acreditar para os controlar, dizia que o amor não é real, que nenhum ser humano poderia encontrá-lo, mesmo que passasse a vida inteira a procura-lo.

Esse homem era extremamente inteligente e muito convincente, lia muitos livros, frequentara as melhores universidades, era um erudito respeitado, podia falar em público, diante de qualquer tipo de plateia, sempre com lógica irrefutável, dizia que o amor é uma espécie de droga, que provoca euforia e cria forte dependência, que uma pessoa pode viciar-se em amor e começar a necessitar de doses diárias, como os dependentes de qualquer outra droga.

Costumava afirmar que o relacionamento dos amantes é igual ao relacionamento entre um viciado e a pessoa que lhe fornece a droga, o que tem mais necessidade de amor é o viciado, o que tem menos, é o fornecedor.

Aquele, que de entre os dois que tiver menos necessidade, é o que controla todo o relacionamento, dizia ele que é possível ver isso com clareza num relacionamento, porque quase sempre há um que ama sem reservas, e outro que não ama, que apenas tira vantagem daquele que lhe entrega o seu coração e que isso é possível ver pelo modo como os dois se manipulam como agem e reagem, que por isso são iguais ao fornecedor de uma droga e ao viciado.

O viciado, aquele que tem mais necessidade, vive com medo de não conseguir receber a próxima dose de amor, ou seja, da droga e pensa: 'O que vou fazer, se ele (ela) me deixar?' O medo torna o viciado extremamente possessivo 'Ele é meu!' O medo de não receber a próxima dose torna-o ciumento e exigente, o fornecedor pode controlar e manipular aquele que necessita da droga, dando-lhe mais doses, menos doses, ou nenhuma dose.

O que necessita da droga submete-se completamente e faz tudo o que pode para não ser abandonado.

O homem ainda dizia muito mais, quando explicava por que achava que o amor não existia, declarava que aquilo que os humanos chamam de amor é apenas um relacionamento de medo baseado no controle...

'Onde está o respeito?

Onde está o amor que afirmam sentir?

Não há amor'.

Dois jovens, diante de um representante de Deus, diante de suas famílias e de seus amigos, fazem uma porção de promessas um ao outro: que vão viver juntos para sempre, que vão amar-se e respeitar-se mutuamente, que estarão um ao lado do outro nos bons e nos maus momentos, que vão se amar e se honrar, promessas e mais promessas, mas o mais espantoso é que eles realmente acreditam que vão cumpri-las, mas após o casamento, uma semana, um mês, alguns meses depois, fica claro que nenhuma das promessas foi cumprida.»

O HOMEM QUE NÃO ACREDITAVA NO AMOR – II

Na crónica de hoje o 2º capítulo de 'O homem que não acreditava no amor', no capítulo anterior chegámos ao casamento e continua assim:

«*O que se vê por esta altura é uma guerra pelo comando, para ver quem manipula quem, quem será o fornecedor, e quem será o viciado?*

Alguns meses depois, o respeito que prometeram ter um pelo outro desapareceu, surgiu o ressentimento, o veneno emocional, e ambos ferem-se reciprocamente, pouco a pouco e cada vez mais, até que eles acabam por não saber quando o amor acabou.

Permanecem juntos porque têm medo de ficar sozinhos, porque têm medo da opinião e do julgamento dos outros, medo de sua própria opinião e do seu próprio julgamento, mas, onde está o amor?

O homem costumava dizer que via muitos velhos casais, unidos havia trinta, quarenta, cinquenta anos, que tinham orgulho de estar juntos durante tanto tempo mas, quando falavam a respeito do seu relacionamento, diziam: 'Sobrevivemos ao matrimônio'. Isso significa que um deles submeteu-se ao outro a certa altura, ela (ou ele) desistiu e decidiu suportar o sofrimento, o que teve vontade mais forte e menos necessidade, venceu a guerra.

Mas onde está aquela chama a que deram o nome de amor?

Um trata o outro como se fosse propriedade sua. 'Ela é minha', 'ele é meu'.

O homem mostrava mais e mais razões que o haviam levado a acreditar que o amor não existe, dizia: 'Eu já passei por tudo isso,

321

nunca mais permitirei que outra pessoa manipule a minha mente e controle a minha vida em nome do amor'.

Os seus argumentos eram bastante lógicos, e com as suas palavras ele convenceu muitas pessoas de que 'O amor não existe'.

Então, um dia, esse homem andava num parque, quando viu uma linda mulher a chorar sentada num banco. Ficou curioso, e quis saber por que motivo ela chorava, sentando-se a seu lado, perguntou-lhe por que ela estava a chorar e se podia ajudá-la. Imaginem qual foi a surpresa dele, quando a mulher respondeu que chorava porque o amor não existia.

'Mas isso é espantoso!', o homem exclamou: '- uma mulher que não acredita no amor?' e, claro, quis descobrir mais coisas a respeito dela, '- porque acha que o amor não existe?' - perguntou.

'É uma longa história', respondeu ela: - casei-me muito jovem, cheia de amor, cheia de ilusões, com a esperança de passar a minha vida inteira com aquele homem, juramos lealdade um ao outro, juramos que nos respeitaríamos, que honraríamos nossa união e que formaríamos uma família, mas logo tudo mudou, eu era uma esposa dedicada, que cuidava da casa e dos filhos, o meu marido continuou a progredir na sua carreira, o seu sucesso e a imagem que mostrava fora de casa… eram para ele mais importantes do que a família.

Perdemos o respeito um pelo outro, nós magoávamo-nos mutuamente, e um dia descobri que não o amava e que ele também não me amava, mas as crianças precisavam de um pai, e essa foi minha desculpa para ficar e fazer tudo o que pudesse para lhe dar apoio.'.»

O HOMEM QUE NÃO ACREDITAVA NO AMOR – III

Na crónica de hoje a continuação de *'O homem que não acreditava no amor'*, o terceiro capítulo:

«*Falava então a mulher: 'Agora, os meus filhos cresceram e saíram de casa não tenho mais nenhuma desculpa para ficar com ele, não existe respeito nem gentileza no nosso relacionamento, sei que, mesmo que eu encontre outra pessoa, vai ser tudo igual porque o amor não existe, não faz sentido procurar por algo que não existe, é por isso que estou a chorar'.*

'Compreendendo-a muito bem', - disse o homem e abraçou-a, 'tem razão, o amor não existe, procuramos por ele, abrimos o coração e tornamo-nos fracos, para no fim encontrarmos apenas egoísmo, isso fere-nos, mesmo que achemos que não vamos ser feridos, não importa o número de relacionamentos que possamos ter, a mesma coisa acontece sempre, porque será que ainda continuamos a procurar o amor?'

Os dois eram tão parecidos, que se tornaram grandes amigos, tinham um relacionamento maravilhoso, respeitavam-se, um nunca humilhava o outro, ficavam mais felizes a cada passo que davam juntos, entre eles não havia ciúme nem inveja, nenhum dos dois queria assumir o comando, nenhum deles era possessivo e o relacionamento continuou a crescer, eles adoravam estar juntos, porque se divertiam sempre muito e quando estavam separados sentiam a falta um do outro.

Um dia o homem encontrava-se fora da cidade, quando teve a mais esquisita das ideias.

'Talvez o que eu sinta por ela seja amor, mas isto é muito diferente de qualquer outra coisa que já senti, não é o que os poetas dizem, assim

como não é o que as religiões pregam, porque eu não sou responsável por ela, não tiro nada dela, não sinto necessidade de que ela cuide de mim, não preciso culpá-la pelas minhas dificuldades, nem contar-lhe os meus dramas'.

'O tempo que passamos juntos é maravilhoso, gostamos um do outro, respeito o que ela pensa, e o que ela sente, ela não me envergonha, não me aborrece, não sinto ciúmes, quando ela está com outras pessoas não tenho inveja, nem quando a vejo ter sucesso em alguma coisa, por isso talvez o amor exista, mas não é aquilo que toda a gente pensa que é'.

O homem mal pôde esperar pelo momento de voltar para a cidade e falar com a mulher para lhe expor a ideia esquisita que tivera, assim que ele começou a falar, ela disse: 'sei exatamente do que é que você está a falar, tive a mesma ideia há bastante tempo atrás, mas não lhe quis contar, porque sei que você não acredita no amor, talvez o amor exista mas pode não ser aquilo que pensamos que é'.

Decidiram então tornar-se amantes e morar juntos e, de maneira admirável, as coisas não mudaram, os dois continuaram a respeitar-se, a dar apoio um ao outro, e o amor continuou a crescer, até as coisas mais simples faziam seus corações vibrar cheios de amor, por causa da grande felicidade em que viviam.

O coração do homem estava tão repleto de amor que, uma noite, um grande milagre aconteceu, ele olhava as estrelas e encontrou uma que era a mais bela de todas.»

O HOMEM QUE NÃO ACREDITAVA NO AMOR – IV

'*O homem que não acreditava no amor*' chega hoje ao seu final, para hoje o epílogo desta história e as conclusões finais, no capítulo anterior ficámos no momento em que o homem que não acreditava no amor olhava as estrelas e encontrou uma que era a mais bela de todas…

«O seu amor era tão imenso, que a estrela começou a descer do céu e logo estava aninhada nas suas mãos, então, um outro milagre aconteceu e a alma do homem uniu-se à estrela, ele estava imensamente feliz e foi procurar a mulher o mais depressa possível para depositar a estrela nas mãos dela, para assim lhe provar o seu amor, mas assim que recebeu a estrela nas mãos, a mulher experimentou um momento de dúvida, aquele amor era grande demais, era avassalador.

Naquele instante, a estrela caiu das mãos dela e estilhaçou-se num milhão de pedacinhos, agora, um velho anda pelo mundo jurando que o amor não existe e uma velha bonita, permanece em casa esperando por ele, derramando lágrimas pelo paraíso que um dia teve nas mãos e perdeu por causa de um momento de dúvida.»

«Esta é a história do homem que não acreditava no amor, quem foi que errou?

Você gostava de descobrir qual foi a falha?

O erro foi do homem, que pensou que poderia passar a sua felicidade para a mulher, a estrela era a sua felicidade, e ele errou, quando a colocou nas mãos dela.

A felicidade nunca vem de fora de nós, o homem era feliz por causa do amor que saía dele, e a mulher era feliz por causa do amor que saía dela, mas no momento em que ele a tornou responsável pela sua felicidade, ela deixou cair a estrela, quebrando-a, porque não podia responsabilizar-se pela felicidade dele.

Por mais que a mulher o amasse, jamais poderia fazê-lo feliz, porque nunca saberia o que se passava na mente dele, nunca saberia quais eram as expectativas do homem, porque não conhecia os sonhos dele.

Se você pegar a sua felicidade e a colocar nas mãos de outra pessoa, mais cedo ou mais tarde será estilhaçada, lembre-se sempre que, se der sua felicidade a alguém, você a perderá, então se a felicidade só pode vir de dentro de nós, sendo o resultado do nosso amor, nós somos os únicos responsáveis por ela, nunca podemos tornar outra pessoa responsável pela nossa felicidade, mas quando os noivos vão à igreja para casar, a primeira coisa que fazem é trocar alianças!

Cada um deles está a colocar a sua felicidades nas mãos do outro, à espera de dar e receber felicidade.

Por mais intenso que seja o seu amor por alguém, você nunca será o que esse alguém quer que você seja, esse é o erro que a maioria de nós comete, logo no início de uma relação ao baseamos a nossa felicidade nos nossos parceiros, mas não é assim que as coisas funcionam bem, pois vamos fazer uma porção de promessas que mais tarde ou mais cedo podemos não conseguir cumprir».

Fica por aqui 'O homem que não creditava no amor", que tem como ensinamento que não podemos fazer depender a nossa felicidade daquilo que recebemos do exterior a nós, quer seja dos nossos parceiros, familiares, amigos, etc., mas sim daquilo que temos no nosso interior, temos em primeiro lugar de nos sentir bem com nós mesmos para que depois esse bem-estar possa atrair para nós as pessoas que estão na mesma vibração que a nossa.

O "PESO" DAS NOSSAS EMOÇÕES!

O ouvinte sabe porque é que quando está triste, com raiva, ou quando nutre um sentimento de ódio, lhe custa mais a desenvolver as suas tarefas?

Quando parece que as suas pernas, os seus braços e todo o seu corpo, lhe custam mais a movimentar e sente que tem de se esforçar mais, ao contrário de quando anda alegre e bem-disposto?

Isto acontece tão só porque as emoções negativas fazem-nos perder energia, ou seja, estamos a absorver energia que está a vibrar numa frequência de doença que vai fazer com que as nossas células fiquem também elas doentes, logo o resultado final e mais visível será o de sentirmos que temos menos força e disponibilidade, físicas, para executar uma determinada tarefa.

Pelo contrário as emoções positivas como a alegria, o amor, a compaixão, etc. vão-nos provocar sensações de leveza, porque essas emoções estão carregadas de energia positiva, energia essa que vai fortalecer as nossas células e vai predispô-las para libertarem essa mesma energia para a execução das nossas tarefas.

Para quem pratica desporto é muito fácil comprovar isto, vai ver que se irá sentir mais leve quando se obriga a ter boas sensações, ao contrário de quando está chateado ou irritado com alguma coisa, nestas alturas até parece que as pernas pesam que nem chumbo.

Ora se as boas sensações nos fazem sentir bem e até com uma sensação agradável de leveza (tão só porque na verdade temos mais energia), teremos de nos forçar primeiramente a ter pensamentos bons, para que o resultado seja o de termos mais energia ou força física, que nos vai dar a sensação de que nos esforcemos menos para realizar uma determinada tarefa.

Defendem ainda muitos especialistas que as nossas doenças são originadas em mais 90% nas sensações que nos permitimos ter e manter, as quais se irão refletir na nossa boa ou menos boa qualidade de vida.

Por exemplo o biólogo americano Bruce Lipton, diz que as células de que é composto o nosso organismo podem ser consideradas de forma simplificada como organismos inteligentes e com vida própria, que executam as tarefas e sensações no nosso organismo, que lhe forem incumbidas, na maioria das vezes de forma inconsciente, mas também de forma consciente, quando lhes ordenamos para sentirmos emoções positivas ou negativas.

Há uma frase que todos nós deveríamos ter sempre em conta que é: 'as nossa células ouvem todos os nossos pensamentos'.

Para as nossas células não é preciso repetir o mesmo pensamento ou falar duas vezes a mesma coisa, pois elas irão reagir de forma imediata e instantânea nesse preciso instante e irão reagir conforme as ordens ou sugestões que estivermos a enviar-lhes nesse exato momento.

Ora se continuamente, dia após dia e muitas vezes até de forma consciente, pensarmos, falarmos e fizermos coisas, que nos trazem más sensações, as nossas células vão estar continuamente a trazer-nos essas más sensações, sendo que estas más sensações quando prolongadas no tempo, vão estar cada vez mais fortes e vão estar na origem de doenças mais graves como doenças cardíacas, de cancro, etc., como defendem vários especialistas.

Encoraje pois as suas células a terem e a sentirem boas sensações, como se estivesse a encorajar o seu melhor amigo na execução de uma tarefa.

Acredite que como seres vivos e com inteligência própria que são, as nossas células vão reagir às ordens e emoções que estamos a sentir.

Benjamim Rodrigues

Vão transmitir essas mesmas sensações ao nosso organismo de forma automática e imediata, o que nos vai fazer sentir essas boas ou más sensações, conforme forem bons ou menos bons os pensamentos, palavras ou ações que tivermos nesse momento.

Por fim e em resumo, deveremos tratar as nossas células, como trataríamos um filho ou o nosso melhor amigo....

Deveremos ter sempre presente que em todas as situações temos de esforçar-nos por transmitir boas sensações às nossas células, para que elas nos possam fazer sentir boas sensações e assim o nosso corpo ficar predisposto a reagir positivamente e a evitar muitas doenças.

POTENCIALIDADES DA MEDITAÇÃO

A meditação é cada vez mais um 'instrumento' muito útil a ter em conta no nosso dia-a-dia, pois a meditação tem vários benefícios, que vão muito além dos 'meros' efeitos psicológicos, os seus efeitos vão-se fazer sentir também ao nível físico, mas afinal o que é a meditação?

A meditação significa alhear-se, desligar-se do mundo exterior, voltando-se para dentro de si próprio.

A meditação baseia-se num estado de 'deixar de pensar', em que a mente progressivamente tende a ficar mais vazia e sem pensamento algum ou a focar a mente num único pensamento, permitindo que se vá alheando de tudo à sua volta.

A meditação como disse, é geralmente associada a religiões e movimentos orientais, no entanto para que esta técnica seja eficaz não é necessário professar qualquer tipo de religião, mas é compatível com todas elas.

Esta técnica é cada vez mais utilizada e reconhecida pelo ocidente como meio de promover um maior equilíbrio e bem-estar no ser humano.

Como a meditação é um conjunto de técnicas relativamente simples de executar, este fato facilitou as investigações, pois pegou-se em pessoas sem praticarem meditação e pediu-lhes para começarem a praticar e ver assim os efeitos e as diferenças.

Estes estudos demonstraram que a meditação altera fisicamente o cérebro, tornando algumas áreas mais densas e fortes, otimizando assim o seu funcionamento, a meditação provocou mudanças neurológicas estruturais e especificas em áreas do cérebro como o cerebelo.

Provou-se ainda que uma pessoa que medita melhora a aprendizagem, a memória, a capacidade de gerir emoções e stress, a atenção, o pensamento fica mais flexível e prático, o comportamento fica menos impulsivo, as decisões são mais inteligentes, conscienciosas e éticas e têm menos vícios.

As pessoas que praticam meditação têm mais autoconfiança e autoestima, mais relações saudáveis, são mais otimistas, mais tranquilas e empáticas... já a nível físico, as pessoas que meditam, são mais enérgicas, têm um sistema imunológico mais forte e têm menos problemas cardiovasculares.

Outros estudos mostram correlações interessantes, o cérebro e o corpo das pessoas que meditam é mais eficiente, isto é, necessita de menos oxigénio para funcionar corretamente, ao mesmo tempo e paradoxalmente, a frequência cardíaca é mais baixa, possuindo menos risco de doenças cardíacas.

A pele das pessoas que meditam é mais resistente, e os músculos produzem menos ácido lático.

A meditação, por incrível que possa parecer permite ainda alterar a personalidade, além de controlar algumas funções fisiológicas involuntárias.

A meditação pode ser vista como um instrumento optimizador, potencializador e complementar de quaisquer práticas, incluindo a medicina tradicional.

Em conclusão, deixo aqui o repto aos nossos ouvintes, façam meditação, pela vossa saúde.

RELAÇÃO ENTRE: ESPIRITO/MATÉRIA/DOENÇAS FÍSICAS

O ser humano é um conjunto de energias, constituído pelo espírito e matéria, mente e perispírito e emoção e corpo físico, que se interligam num fluxo constante, uns sobre os outros.

Quando o ocorre alguma situação num deste conjuntos energéticos vai refletir-se no órgão correspondente, gerando assim, quando for uma ação perturbadora, distúrbios que se vão transformar em doenças, que para serem tratadas devidamente vão implicar que seja novamente renovado o equilíbrio energético de onde foram originadas.

Um dos fatores que mais faz alterar o nosso equilíbrio energético são os nossos pensamentos, que quando negativos vão causar efeitos más sensações no nosso corpo, pelas emoções desgovernadas e pela mente pessimista e inquieta que vai transmitir essas mesmas emoções à nossa organização celular.

Determinadas emoções fortes, como o medo, a cólera, a agressividade e o ciúme, provocam uma alta descarga de adrenalina na corrente sanguínea graças às glândulas suprarrenais.

Por sua vez, essas ações emocionais vão provocar uma reação no nosso corpo físico, fazendo com que haja um aumento do nível de açúcar no sangue, fazendo ainda com que haja uma mais forte contração muscular, e vai fazer ainda faz com que o sangue perca a sua capacidade de coagulação mais rápida.

A repetição destes fenômenos provoca várias doenças como a diabetes, a artrite, a hipertensão, etc. .

Assim, cada enfermidade física traz um componente psíquico, emocional, ou espiritual correspondente, em razão da desarmonia entre o Espírito e a matéria, a mente e o perispírito, a emoção (os sentimentos) e o corpo.

Ao desajustarem-se os núcleos de energia, vão-se facilitar os processos orgânicos degenerativos provocados por vírus e bactérias que neles se instalam.

Ao estarmos conscientes desta realidade vamos fazer com que despertemos para valores mais elevados que, quando não devidamente apreendidos e aplicados, vão fazer com que continuemos a produzir desequilíbrios e por consequência a originar doenças vezes sem conta.

Por outro lado, os impulsos primitivos do corpo, quando não disciplinados, vão-nos provocar também estados ansiosos ou depressivos, ainda sensação de inutilidade, receios variados, ou inquietações que se vão expressar repetidamente e que a longo prazo se podem transformar em neuroses, psicoses e em perturbações mentais.

A harmonia entre o Espírito e a matéria promove o equilíbrio do ser, tanto ao nível físico do corpo, como ao nível espiritual da alma, fazendo assim com que estabeleça uma equilíbrio que nos vai predispor e despertar para as atribuições e finalidades mais elevadas da vida, dando assim um novo rumo à nossa existência terrena.

Por outro lado as enfermidades de que padecemos, podem ser sob outro aspeto consideradas como processos de purificação, especialmente as de grande porte ou de nascença, ou as que se prolongam por muito tempo, estas podem na verdade ser mecanismos muito úteis, não só àqueles quem delas padecem, mas também aos que estão incumbidos de cuidar dessas pessoas, pois esta mesma situação será a melhor 'ferramenta' para uns e outros 'trabalharem' na sua evolução espiritual.

Não devemos pois amaldiçoar tudo de mal que nos acontece, pois se calhar, na maioria dos casos, são estas as melhores situações que nos poderiam ter acontecido, tendo em vista um fim maior, que é a nossa evolução enquanto seres espirituais.

É imprescindível um constante renascer do indivíduo, pelo renovar da sua consciência, aprofundando-se no autodescobrimento, a fim de mais seguramente se identificar com a sua realidade interior e de a absorver convenientemente.

Este autodescobrimento vai facilitar uma avaliação tranquila e serena do que somos, e de como estamos, e vai-nos oferecer os meios para nos tornarmos melhores, alcançando assim o destino que ansiamos que é a nossa satisfação e paz interior.

Neste nosso autodescobrimento vamos começar a ter em conta uma nova escala de valores existenciais, a fim de discernirmos quais são aqueles que merecem a nossa primazia e os que vamos deixar para trás, de modo a aplicarmos o tempo com sabedoria e conseguirmos os resultados mais favoráveis na nossa evolução espiritual.

PENSAR NUMA PESSOA QUE SE AMA É REZAR POR ELA

Na crónica de hoje, e porque é a última crónica antes de Natal, começo com um pensamento de Santa Terezinha do Menino de Jesus, que diz: 'Pensar numa pessoa que se ama é rezar por ela'.

Na verdade como aqui já disse todo o pensamento que emitimos, quer queiramos quer não queiramos, vai produzir energia, sendo que toda esta energia vai afetar tudo e todos à nossa volta... logo se emitirmos pensamentos positivos, vamos estar a produzir uma energia que vai influenciar positivamente tudo à nossa volta, mas se pensarmos negativamente vamos passar a emitir uma energia que vai influenciar, mas agora de forma negativa tudo à nossa volta.

Ora tomando como exemplo o pensamento de Santa Terezinha do Menino Jesus, de que: 'Pensar numa pessoa que se ama é rezar por ela', na verdade quando gostamos de outra pessoa e pensamos nela, nesta altura vamos estar a emitir em direção a ela, um tipo de energia positiva, que vai afetar essa mesma pessoa de forma positiva, desde que essa pessoa esteja na mesma vibração energética.

Poderá pensar agora o ouvinte: 'mas eu não sinto nada quando alguém tem um pensamento a meu respeito, quer seja ele bom e positivo ou não'... mas na verdade o que acontece nestes casos é que, embora esse tipo de energia possa estar presente, na maioria das vezes esta energia apenas é sentida de forma inconsciente, ou seja, podemos sentir um mal-estar, no entanto não atribuímos esse mal-estar à energia negativa desse pensamento da outra pessoa sobre nós.

Na maioria das vezes atribuímos por exemplo um nosso mal-estar a alguma coisa que comemos, no entanto na maioria das vezes esse mal-estar, pode não estar na nossa alimentação, mas sim numa energia negativa que foi absorvida e ficou acumulada no nosso organismo e que ao não ser libertada, acabou por provocar esse mal-estar que se traduziu num funcionamento anormal do organismo, neste exemplo.

É também muito importante ter em conta que toda a energia dos nossos pensamentos, quer seja ela energia positiva ou não, na verdade só vai ser absorvida pela pessoa a quem essa energia é dirigida se essa pessoa estiver na mesma vibração energética, como atrás referi.

Quando a pessoa não está na mesma vibração energética... ela vai ter tendência a não se harmonizar com essa energia não sendo esta pois absorvida por ela, são estes os princípios da Lei da Atração.

Se a energia de um pensamento não for aceite ou absorvida pela pessoa a quem se dirige, ela vai ter tendência a retornar à origem, ou seja, sempre que enviar energia positiva a alguém, não tem de preocupar-se se essa energia vai ser aceite ou não por essa pessoa, no entanto o inverso também é verdadeiro, ou seja, quando emitir um pensamento carregado de energia negativa, essa energia negativa se não foi aceite pela pessoa a quem é dirigido, se ela não estiver na mesma vibração energética, esta energia vai retornar novamente para si, mas agora sob a forma de mal-estar.

Toda a energia que é libertada, quer seja através dos nossos pensamentos, quer seja através das nossas ações, é energia que vai ser produzida, não é possível eliminar energia, ou fazê-la desaparecer, logo toda a energia que existe ao nosso redor pode ser por nós absorvida, tão só porque estamos mais próximos, no entanto não temos de temer, pois só vamos absorver essa energia se estivermos na mesma vibração energética.

Logo um pensamento com uma vibração de amor incondicional (não confundir com paixão, pois a paixão traz consigo sentimentos de descontrole e de posse, contrários à vibração de amor), então uma vibração de amor incondicional como no exemplo do pensamento com que abri esta crónica, se não afetar positivamente a pessoa a quem é dirigido, neste caso, essa energia boa e positiva vai retornar para nós mesmos.

Por isso não tememos emitir pensamentos bons e positivos sobre alguém, pois se essa energia não for aceite, não temos de preocupar-nos ou temermos, pois essa é energia boa e saudável para nós, que vai ter tendência a retornar a nós mesmos, trazendo-nos sensações de bem-estar.

CONSCIÊNCIA ENERGÉTICA

O nosso organismo físico ou o nosso corpo, tem inteligência própria, ou se quiser, tem consciência, assim como todos os seres vivos.

Esta inteligência reage ao que a mente lhe diz, que mais não é do que reagir aos pensamentos que tem.

Portanto, a emoção é a resposta do corpo à mente. É pois a inteligência do corpo uma parte inseparável da inteligência universal e ainda uma das suas incontáveis manifestações.

A emoção dá coesão temporária aos átomos e às moléculas que constituem o nosso organismo físico.

Ou seja, são as emoções que temos que acabam por organizar e regular todo o funcionamento de todos os nossos órgãos internos, da conversão de oxigénio e dos alimentos em energia, de regular os batimentos cardíacos e circulação do sangue, de regular o nosso sistema imunológico que protege o nosso corpo dos invasores e da conversão das informações sensoriais em impulsos nervosos que são enviados ao cérebro descodificados e reagrupados num quadro interior coerente com a realidade exterior que estamos a vivenciar nesse momento.

Tudo isso, assim como milhares de outras funções que ocorrem ao mesmo tempo, é coordenado com perfeição pela nossa inteligência.

Não somos nós que conduzimos o nosso corpo, é sim a nossa inteligência que faz isso, ou se quiser, é a nossa mente inconsciente na maioria das vezes, ela também é a responsável pelas respostas do organismo ao ambiente.

Esta consciência faz surgir as reações instintivas do organismo a tudo o que representa uma ameaça ou um desafio.

Quando o corpo se vê sem possibilidades de fuga, há uma descarga súbita de energia muito intensa lhe vai dar uma força que ele não tinha antes... estas reações instintivas assemelham-se às emoções, mas não são emoções no verdadeiro sentido da palavra, a principal diferença entre elas é que enquanto a reação instintiva é a resposta direta do corpo a uma situação externa, já a emoção é a reação do organismo a um pensamento.

No entanto uma emoção também pode ser uma reação a uma situação ou a um acontecimento real, porém ela será uma reação ao acontecimento que terá passado pelo filtro da interpretação mental do pensamento, ou seja, terá de ser analisada pelo conceito de bom ou mau, semelhante ou diferente, eu e meu, etc. .

Por exemplo pode ser que você não sinta nenhuma emoção ao ser informado de que o carro de alguém foi roubado, no entanto, caso se trate do seu carro, é provável que fique perturbado, é impressionante a quantidade de emoção que um pequeno conceito mental como 'meu' pode gerar.

Embora o corpo seja muito inteligente e tenha uma consciência que gere todo o seu funcionamento, ele por si só não consegue diferenciar uma situação real de um pensamento, por isso vai reagir a todo o pensamento como se fosse a realidade, ou seja, para o corpo, um pensamento preocupante e assustador, corresponde a 'estou em perigo', e ele vai responder à altura, produzindo as sensações correspondentes, embora a pessoa que esteja a pensar nessa situação até possa estar deitada numa cama quente e confortável.

Nesta situação e com um simples pensamento o coração vai bater mais forte, os músculos vão contrair-se e a respiração vai acelerar-se.

e vai ficar todo o organismo num estado de alerta máximo, sendo que vai mobilizar para essa defesa toda a sua energia.

No entanto uma vez que esse perigo não é real, não se vai manifestar e é apenas uma ficção mental, esse acréscimo de energia não vai ser libertada, vai ficar estagnada.

Por isso esta energia vai retornar novamente à mente e dar origem a outros pensamentos ainda mais ansiosos que se vão converter em toxinas.

Esta energia vai ter de se libertar do organismo de qualquer forma, o que vai provocar desarmonia, mal-estar e doença no nosso organismo, criando assim um ciclo vicioso de doença e mal-estar que se vai perpetuar no tempo, se não for combatida.

PROCESSO ESPIRITUAL

No seguimento das últimas crónicas, em que o tema principal foi a energia vista sob o ponto de vista espiritual, na crónica de hoje socorri-me de uma "Mensagem de Luz" de Alexandra Solnado, que relata de forma clara e numa linguagem muito acessível o tema espiritual, que para algumas pessoas mete muito receio e até mesmo algum medo...

O título desta Mensagem de Luz é DILUIÇÃO e começa assim:

«O que é um processo espiritual?
Fazer um processo espiritual é deixar- se diluir nas águas.
A diluição é um comando poderoso da alma.
A alma dilui-se no Universo... dilui-se na energia.
E essa diluição no todo é o que faz com que a alma seja parte do todo, parte do Universo.
É nesse diluir que mora o segredo da comunhão.
O ser humano, tal e qual como está, tal e qual como vive nessa energia densa aí em baixo, não está minimamente preparado para se diluir, ele pensa que é matéria, não sabe que é energia.

Se ele soubesse que é energia, sendo a matéria um mero invólucro que serve para carregar as limitações físicas que atraiu para poder trabalhar as suas fragilidades, que a sua parte energética é a sua parte mais poderosa, que só se diluindo como físico, só se diluindo como espírito ele encontrará a dimensão da alma e finalmente se poderá fundir.
Se ele soubesse que o acordo que firmou antes de encarnar lhe traz o dever de se diluir em energia para melhor fazer a fusão que lhe irá devolver a unidade, se ele soubesse.

– E como fazer para diluir, para chegar à frequência da alma? É fácil: diluir é deixar que cada coisa aconteça quando tem de acontecer. É

saber que tudo no Universo tem um tempo propício, e que as pessoas não deveriam bloquear o que está para acontecer.

Se alguém de quem gostas te faz mal por exemplo, deves chorar, chorar de tristeza, chorar de tristeza por teres atraído alguém assim, que é tão infeliz ao ponto de magoar quem lhe quer bem, só isso, só assim te irás diluir na própria emoção que sentes, e nunca, nunca bloquear uma dor.

Aos poucos vais-te habituando à ideia de que a vida traz emoções alegres e tristes, e que tudo flui se não deixares escapar nada. Sentir, sentir, sentir.

Mas as pessoas não fazem isto, não se diluem em emoções adversas, as pessoas ficam zangadas, ficam com raiva, culpam as outras, ficam endurecidas e continuam as suas vidas com um nó no peito, provocado por emoções que se recusaram a aceitar.

Como eu sempre digo, não é preciso aceitar o facto de nos fazerem mal, mas é preciso aceitar vivenciar a emoção que esse acontecimento traz. E assim vão vivendo, vida após vida, sem aceitar sentir, sem aceitar vivenciar, sem jamais diluir e jamais também o ser entra na dimensão da alma e jamais o ser consegue se libertar e jamais irá ascender.»

Esta foi uma explicação clara e numa linguagem fácil e acessível, como todas as Mensagens de Luz, de Alexandra Solnado, com assinatura de Jesus, espero que tenham gostado.

TERAPIAS HOLÍSTICAS E MEDICINA TRADICIONAL, AS DIFERENÇAS

Muitas vezes existem grandes discussões entre profissionais da saúde, nomeadamente entre médicos e terapeutas, cada um reclamando para si os méritos dos respetivos tratamentos.

Muitas vezes existe a tendência para que a classe médica conteste todas as abordagens ao nível das terapias holísticas, argumentando aqueles que este tipo de terapias não produz resultados comprovados por estudos científicos.

No entanto a nossa classe médica tradicional, incorre num erro de apreciação tão-só porque vai avaliar os resultados das abordagens da terapia holística, unicamente sob o ponto de vista dos conhecimentos e aprendizagens que eles próprios adquiriram, no entanto esses ensinamentos e aprendizagens partem de outros pressupostos totalmente diferentes daqueles que são considerados pelas ditas terapias holísticas.

Aqueles, consideram a base dos ensinamentos e aprendizagens no pressuposto de que o corpo humano que vão tratar é matéria, enquanto os terapeutas holísticos (conforme o nome indica, pois holístico que dizer energia), consideram que o corpo humano, é constituído no seu mais ínfimo pormenor por energia.

Logo não é possível justificar e comprovar através dos meios da medicina tradicional, todas as vantagens ou inconvenientes das abordagens da terapia holística.

Assim como não é eticamente correto um terapeuta discutir questões de tratamento físico com um profissional da medicina tradicional, a menos que, quer uns, quer outros, tenham conhecimentos técnicos da outra área que lhes permita ter argumentos válidos e consistentes.

Na verdade, estas duas abordagens terapêuticas assentam em pressupostos quase totalmente opostos e mesmo em muitos casos contraditórios.

Se a medicina tradicional tem o seu foco no corpo físico (ou matéria), as terapias holísticas, baseiam a sua atuação no pressuposto de que o nosso corpo é constituído por energia, sendo que todo este fenómeno, pode ser explicado em grande medida através dos princípios da física quântica.

Na verdade todos os ensinamentos e aprendizagens que foram ministrados àqueles profissionais da saúde foi o de 'manobrar a matéria' que mais não é do que 'tirar' matéria danificada do organismo de um paciente (que desde logo vai sentir alívio) ou então 'acrescentar' mais 'matéria' ao corpo físico de um paciente, nomeadamente através da ingestão de remédios químicos.

Por tudo isto toda a discussão entre estas duas classes, quando não há conhecimentos mútuos de ambos os lados, normalmente não acaba em consenso.

Entendo pois que as terapias holísticas ao incidirem o seu foco na energia, vão atuar na origem de todo o desconforto, evitando assim a remoção da matéria, ou seja, as terapias holísticas incidem o seu foco na origem e não na cura do sintoma.

Não quero com isto dizer que a medicina tradicional deva ser posta totalmente de lado, o que eu acho é que a medicina tradicional deveria atuar em conjunto com as terapia holísticas, pois se é verdade que a remoção da matéria danificada traz alívio, se calhar o mais importante ainda é mesmo impedir que seja necessário remover essa mesma matéria, ou então potenciar depois a recuperação de uma forma duradoura e definitiva.

A minha convicção é que quando um tratamento é baseado apenas na matéria (ou se quiser nos aspetos físicos do nosso organismo) e deixa de fora os aspetos mental, emocional e espiritual, na verdade esses resultados não irão ser duradouros nem eficazes, a menos que a pessoa possa alterar, de forma muitas vezes radical, o seu estilo de vida, o que muitas vezes até consegue, mas não pela abordagem médica tradicional, mas sim pelo 'choque' que aquela doença lhe provocou, que lhe vai fazer com que repense todos os seus valores e convicções, levando assim a uma mudança interna (na maior parte das vezes inconsciente), da sua qualidade energética, que esta sim, acredito eu, é a cura definitiva e final daquele mal-estar.

O assunto de hoje foram as diferenças entre a abordagem médica tradicional e as terapias holísticas, é o fim por hoje, despeço-me de todos até um dia de forma 'original'   'DESEJO TUDO DE BOM'.

BIBILOGRAFIA CONSULTADA E AUTORES CITADOS

- Cunha, Adelino (2009), Nascido para Triunfar, Lisboa, A esfera dos livros

- Santos, Mário Rui (s.d.), 'Perigos' da hipnose ou da auto-hipnose, http://www.marioruisantos.net/

- Hicks, Esther e Jerry (2005) , Peça e lhe será concedido, Cascais, Editora Pergaminho

- Gawain, Shakti,(1995), Visualização criativa, Cascais, Editora Pergaminho

- Padre Fábio de Melo, (s.d.), Brasil, Editora Planeta

- Dantas, Inácio (s.d.)

Weiss, Brian,(2007), Muitas vidas, muitos mestres, Cascais, Editora Pergaminho

- Hay, Lousie, (s.d.), Você pode curar a sua vida, São Paulo, Brasil, Editora Best Seler

- Pedroso, Sofia (s.d.), Perdoar é sinal de fraqueza?, http://sofiapedroso.com

- Maria, Cora (s.d.), Não encontro pessoas

- Coelho, Paulo (s.d.), Como é fácil ser difícil

- Solnado, Alexandra (s.d.), Mensagens de Luz, Cascais, Editora Pergaminho www.alexandrasolnado.com

- Walsh, Neale Donald, (2005), Conversas com Deus, Lisboa, Editora Sinais de fogo

- Ware, Bronie (s.d.)

- Borges, Wagner (s.d.), http://somostodosum.ig.com.br

- Rodrigues, Paulo Evandro (s.d.), Ser feliz

- Carter Scott (s.d.)

- Wailtey, Dr. Denis (s.d.), Ensaio visual motor

- Pedroso, Sofia, (s.d.), A raiva, http://sofiapedroso.com

- Scott, Carter (s.d.), As regras da vida

- Séneca, (s.d.), Cartas a Lucílio

- Varella, Drauzio (s.d.), A arte de não adoecer

- Universo Natural (s.d.), www.universonatural.wordpress.com/

- Diniz, Ana Elizabeth (s.d.), O poder da mente supera genes

- Lipton, Bruce (s.d.), Ensaio visual motor

- Lapa Hugo (s.d.), Amor à primeira vista e vidas passadas

- Ruiz, Dom Miguel (s.d.), O homem que não acreditava no amor, São Paulo - Brasil, Editora Best Seler

- Sharma; Robin, (2009), O monge que vendeu o seu Ferrari, Cascais, Editora Pergaminho

- Carnegie, Dale , (1996), Como fazer amigos e influenciar pessoas, Civilização Editora;

- Método Silva, http://www.metodosilvadevida.com

- Buda virtual.com: http://budavirtual.com

...a todos os autores aqui sido citados, deixo o meu agradecimento público.

www.ingramcontent.com/pod-product-compliance
Lightning Source LLC
Chambersburg PA
CBHW052029090426
42739CB00010B/1837